齋藤　孝著

コミュニケーション力

岩波新書

915

JN270102

目次

コミュニケーション力

第一章　コミュニケーション力とは……………………1
―文脈力という基本―
コミュニケーションとは／「感情」と「意味」の座標軸／ディベート乱用の危険性／クリエイティブな関係性／インスパイアとインスピレーション／自分と対話し言葉を探す／「ていうか」症候群／文脈力とは何か／会話で迷子になる／文脈力のレベル／メモをとりながら会話する／三色ボールペンのメモ術／マッピング・コミュニケーション／人間ジュークボックスにならないために／誰とでも会話の糸口を見つけられるか／いきなり本題から入る／コミュニケーションするからこそ家族／親子間、きょうだい間での手紙／和歌のやりとり／連歌――座とい

うスタイル／回し書きで作文をする／弁証法的な対話／
セックス・コミュニケーション

第二章　コミュニケーションの基盤 ……………… 73
—響く身体、温かい身体—

響く身体、響かない身体／基本原則その1　目を見る／基本原則その2　微笑む／基本原則その3　頷く／基本原則その4　相槌を打つ／『浮世風呂』の身体コミュニケーション／車座——自我の溶かし込み／外国語学習と身体／ウォーキングの効用／ハイタッチとスタンディングオベーション／"Fantastic!"と拍手／体温が伝わる方言／癖と癖がコミュニケーションする／練習問題／演劇的身体でモードチェンジ／雰囲気の感知力と積極的受動性／沈黙を感じ分ける

第三章　コミュニケーションの技法……135
―沿いつつずらす―
沿いつつずらす／偏愛マップ・コミュニケーション／要約力と再生方式／言い換え力／「たとえば」と「つまり」／会議を運営するコツ／ブレイン・ストーミングのコツ／ディスカッションのコツ／メタ・ディスカッション／プレゼンテーションのコツ／コメント力／質問力／『ゲーテとの対話』／相談を持ちかける技／ズレやギャップをあえて楽しむ／会話は一対一ではなく多対多／癖を見切る／人間理解力／過去・未来を見通す／コミュニケーションは誰とでも可能である

あとがき……203

第1章

コミュニケーション力とは

——文脈力という基本——

コミュニケーションとは

コミュニケーションという言葉は、現代日本にあふれている。コミュニケーション力が重要だという認識は、とみに高まっている。プライベートな人間関係でも仕事でも、コミュニケーション力の欠如からトラブルを招くことが多い。仕事に就く力として第一にあげられるのも、コミュニケーション力である。コミュニケーションが上手《うま》くできない人間とはつきあいたくない、一緒に仕事をしたくない、というのは一般的な感情だろう。

では、コミュニケーションとは何か。それは、端的に言って、意味や感情をやりとりする行為である。一方通行で情報が流れるだけでは、コミュニケーションとは呼ばない。テレビのニュースを見ている行為をコミュニケーションとは言わないだろう。やりとりする相互性があるからこそコミュニケーションといえる。

やりとりするのは、主に意味と感情だ。情報伝達＝コミュニケーション、というわけではない。情報を伝達するだけではなく、感情を伝え合い分かち合うこともまたコミュニケーションの重要な役割である。何かトラブルが起きたときに、「コミュニケーションを事前に十分とるべきであった」という言葉がよく使われる。一つには、細やかな状況説明をし、前提となる事柄について共通認識をたくさんつくっておくべきであったという意味である。もう一つは、情報のやりとりだけではなく、感情的にも共感できる部分を増やし、少々の行き違いがあってもそれを修復できるだけの信頼関係をコミュニケーションによって築いておくべきであった、ということである。

意味と感情――この二つの要素をつかまえておけば、コミュニケーションの中心を外すことはない。情報という言葉は、感情の次元をあまり含んでいない言葉だ。情報伝達としてのみコミュニケーションを捉えると、肝心の感情理解がおろそかになる。人と人との関係を心地よく濃密にしていくことが、コミュニケーションの大きなねらいの一つだ。したがって感情をお互いに理解することを抜きにすると、トラブルのもとになる。

仕事上のやりとりで、一見、情報だけを交換しているように見えるときがある。そういった状況でも、感情面に気を配ってコミュニケーションしている人とそうでない人とでは、仕事の効率や出来・不出来に違いが出る。人間は感情で動くものだ。情報交換をしているときでも、同時に感情面での信頼関係を培うことのできる人は、仕事がスムーズにいき、ミスもカバーしやすい。トラブルが修復不可能にまでなるときには、必ずと言っていいほど感情の行き違いがある。コミュニケーション力とは、意味を的確につかみ、感情を理解し合う力のことである。

「感情」と「意味」の座標軸

コミュニケーションとは何かを理解しやすくするために、シンプルに座標軸で考えてみよう(図1参照)。X軸として「感情」、Y軸として「意味」をとる。意味と感情の両方をやりとりできているAゾーンはコミュニケーション良好ゾーンである。それとは対照的な左下にあるDゾーンは、意味も感情もやりとりできていないコミュニケーション不全ゾーンである。たとえば、戦争状態というのは、このDゾーンに踏み込んでいるときだ。お互いの意思を聞き合い、相互に調整するということを放棄した状態である。感情的にも、憎しみだけで向き合っていて、やりとりはない。コミュニケーションへの意志を完全に失った状態が、絶交状態、戦争状態である。

左上のBゾーンは、感情はやりとりされていないが、情報は交換されているゾーンである。しっかりと意味を共感し合う必要のある場面がここに当たる。仕事の場面では、しっかりした意味のやりとりが、何よりも大事だ。意味を取り違えれば、どんな仕事でもトラブルが起きる。顧客が要求している事柄をつかまえることに失敗すれば、当然トラブルになる。たとえばコンビニで商品を買うときは単純なので、むしろにこやかな笑顔がプラスポイントにもなる。しかし、家を建てるときや、仕事上の契約や営業など厳しい場面では、少しの「意味」の取り違えが深刻なもめ事につながることが頻繁にある。そのような事態をあらかじめ防ぎ、あるいは修復するためにコミュニケーション力が必要となる。どこがずれているのか、ということに敏感になることが、コミュニケーション力向上の第一歩である。

自分は、相手が伝えようとしている「意味」をしっかりと受け取っているのか。こうした問いを常に自分に投げかけていると、失敗が少ない。この失敗を防ぐためには、自分で相

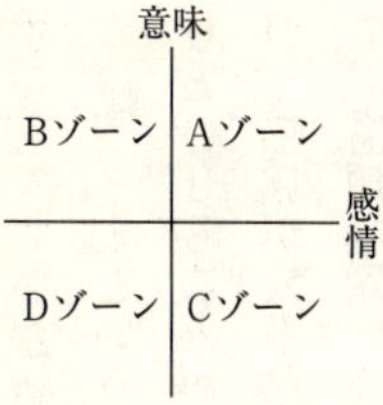

図1　コミュニケーションの座標軸

手の言っている意味を再生して確認するのが最上の方法である。「おっしゃられているのは、……ということですね」と確認してみる。そうすることで、意味のズレをはっきりとさせることができる。意味がずれることが問題なのではない。ずれていることに気づく感覚が大事なのである。意味のズレを微妙に修正していくプロセスを共に踏むことで、信頼関係は強まっていく。

座標軸の右下のCゾーンは、感情をやりとりするコミュニケーションのゾーンである。これは、恋人同士や家族のような関係において重要なゾーンである。恋人同士では、何気ないことでも笑いあえる。端から見ていれば、何の意味もないと思えるような会話でも、当人たちにとっては最高のコミュニケーションになっているということがある。喫茶店で隣り合わせたカップルがどうでもいい話題で盛り上がっているのを聞いていると、ばかばかしい気持ちになる。それは会話に大した意味がなく、感情だけがやりとりされているからだ。恋人同士という関係においては、意味を常に生産していくような関係が求められているのではなく、感情を確認しあい強固にしていくことが重要なのである。

実はこのCゾーンは仕事上の関係でも意識的に使われることがよくある。初めて一緒に仕事をすることになった関係では、食事を共にするケースが多い。情報のやりとりだけならば、左上のBゾーンで事足りる。会社の会議室で十分に意思確認はできる。それで仕事に支障を来すことはない。しかし、一般的にはそのあとで、一緒に食事をすることが多い。一見無駄なようだが、ここで感情がやりとりされるのである。食事を共にし、お酒を飲みリラックスすることで、会議の時には出なかった人間性が出てくる。会議の時には効率よく意味を交換しようとするために緊張感が生まれる。それを解きほぐす役割が食事を共にすることだ。「シンポジウム」のもとになっているギリシャ語の「シュンポシオン」は饗宴という意味だ。共に食事をすることで分かち合う。分かち合われるのは意味と感情である。

プラトンの『饗宴』は、愛というテーマを巡っての弁論のやりとりだ。ただ単に論理的な戦いをするための場ではない。きっちりと意味を交換し合うと同時に、食事をし、共に時を楽しむ。一緒にいる時間を「祝祭」とする。

『さて(とエリュキシマコスがいった)、みんな自分が飲みたいだけ飲んで、強いるのをやめることに話が極まったのだから、僕はさらに提議したい、今ちょうど這入って来た女笛吹はあちらへやって——彼女は独りで吹いてもよしまた望むなら、奥にいる女達に吹いて聴かせてもいいが——、われわれは今日の会合では演説を御馳走に時を過そうということを。またどんな演説がよいかということも、諸君が望むなら、提議してもいい。』

(プラトン著、久保勉訳『饗宴』岩波文庫)

論理的能力を競い合い、「意味」の華を盛大に咲かせ合う。華を咲かせている共通の土が感情の共有である。議論においてどちらが勝っているかを示すことが最終目的なのではない。論理的に筋を通すというゲームのルールを守りながら、正々堂々と戦い汗を流す時間を楽しむことが饗宴の趣旨である。どんな対立意見を言い合おうとも、信頼関係が失われない。感情の次元でのやりとりが緊密に行われ信頼関係が築かれているからこそ、思い切った対立意見を述べることができる。そして最後には誰が勝とうとも、ご機嫌な状態で饗宴を終える。実に優れたコミュニケーションの手本である。

ディベート乱用の危険性

学校教育のなかで、ディベート形式の討論が近年流行《はや》っている。立場を二つに分けて、お互いの主張を言い合う。相手の弱点をつき、追い込む。論理性は大切にするが、相手の気持ちをくみ取ることは基本的にはしない。揚げ足取りもよく見られる。国会の質問と答弁でも、相手の質問の意図をわざと取り違えたり、曖昧にぼかして答弁するケースが多く見られる。これは意図的に焦点をぼかしているケースだ。

ディベートで論理力を養う、という趣旨は理解できないわけではない。しかし、論理性のみを最上の価値とするのでは、コミュニケーション力養成のトレーニングとしては限界がある。論理には抜け道が多くある。論理力の低い者同士では、単なる水掛け論になりやすい。論理的な能力を駆使して、論点をごまかし、相手を言い負かすことは、習熟してみればさほど難しいことではない。裁判のように勝ち負けが重要な場合には、こうした能力が重要視される。相手の論理のミスを突き、相手が本当に言いたいこととは別の弱点を攻め立てる。そして議論を有利に運ぶ。こうした技術は、たしかに社会のある場面で求められることはある。しかし、私が思うには、ふつうの社会人の場合、仕事の大半はこのようなディベート能力で行うものではない。相手の言い間違いをうまく利用したり、論理をうまくすり替えて議論を有利に運んだりすることは、仕事の場面ではさして意味がない。相手をやりこめたり、騙してするような仕事のやり方では、あとでトラブルが起きる。

本当に求められている能力は、相手の言いたいことを的確につかむ能力である。要約力と言ってもいい。出来得れば、相手がすべて言葉で表現し切れていない事柄までも、想像力や推測力でつかみ取り、「おっしゃりたいのは……ということではないでしょうか」と提案する力が欲しい。自分の言いたいことをしっかりと受け止めてくれたと感じることで、議論は一つ基礎が踏み固められ、次へ進む。相手の穴をつっつき合う議論とは、方向性がまるで逆の姿勢である。

お互いに相手の言いたいことをしっかりとつかみ合い、よりよいアイディアを出していく。これがクリエイティブな対話というものだ。相手を言い負かすだけの議論は、一見華々しいようでも生産的ではない。

お互いの利益をひたすらぶつけ合い、つり合いを測って妥協点を見いだす、というやり方が有効なケースもたしかにある。それは先ほど述べた裁判や、利益がぶつかり合う状況である。しかし、まず基礎としてつけるべきコミュニケーション力は、そのような殺伐たる、戦い続ける討論の力ではない。お互いに意味をしっかりつかみ合い、同じチーム、パートナーとして、トラブルに向き合う。言葉を交わし合い、行き詰まりを共有しながら、新しい意味が生まれるのを待つ。それも、ただ待つのではない。言葉の端々をきっかけにして、脳の中のすべての情報をフル稼働させ、新しい意味を模索するのである。

相手の言いたいことを捉える努力をせずに、あら探しをする。そんな悪癖だけを身につけることになる危険性を、ディベートの授業に感じることが私は多い。アメリカ合衆国では、利益をぶつけ合いバランスをとることが歴史的に重要な意味を持った。しかし、日本でそれをそのまま踏襲する必要はない。コミュニケーションの基本は、あくまでもお互いの言いたいことをしっかりとつかみ合うことにある。そうした要約力や再生力を身につけることこそが、まず肝要である。

ディベート形式による討論のトレーニングのもう一つの悪影響は、立場を変えてもいかようにでも議論できるということである。賛成と反対それぞれの立場を変えてみても議論できる能力が、ディベート能力だ。もちろんこれは上手く使えば、双方の立場を理解する能力につながる。しかし、自分が何を大事としているのかという価値判断とは別に論理構成をし主張する、という習慣を身につけることは決して好ましいことではない。何を大事だと思うか、何を正しいと思うか、という価値判断がまず先にあって論理が構成される。それがまともな思考である。弁護士ならば、依頼者を勝たせるために論理構成をする。しかし弁護士はあくまでも代理人である。議論において、自分自身を代理人の立場におく練習をするよりも、当事者として自らの価値判断をもとにした議論をまずすべきである。

通常の議論においては、論理的に話しているように見えても、何かの価値を押し通そうとしているというのが実情である。その点、ディベートは議論を応酬させることで、総合的な価値判断の材料を豊かにするという面もたしかにある。しかし、一般的には立場を固定して主張し合うために、価値判断部分は動かすことなく、論点をやりとりすることに終始するのがふつうである。論理の細部に足下をすくわれて価値判断をないがしろにする、つまり「木を見て森を見ず」という事態が起きやすい。

ぺらぺらと論理をまくし立てることが、コミュニケーション力なのではない。相手の感情を含めて理解し、次の一歩をお互いに探し合う。そうした前向きで肯定的な構えが、身につけられるべき基本の構えである。

向き合って唾を飛ばし合い戦い合うイメージではなく、斜め四五度で向き合い、相手を半分見つつも、もう半分の意識では共に未来を見ている。前方を共に見ながら、対話を積み重ねる。その斜め四五度のポジショニングが、コミュニケーションの基本型である(図2参照)。

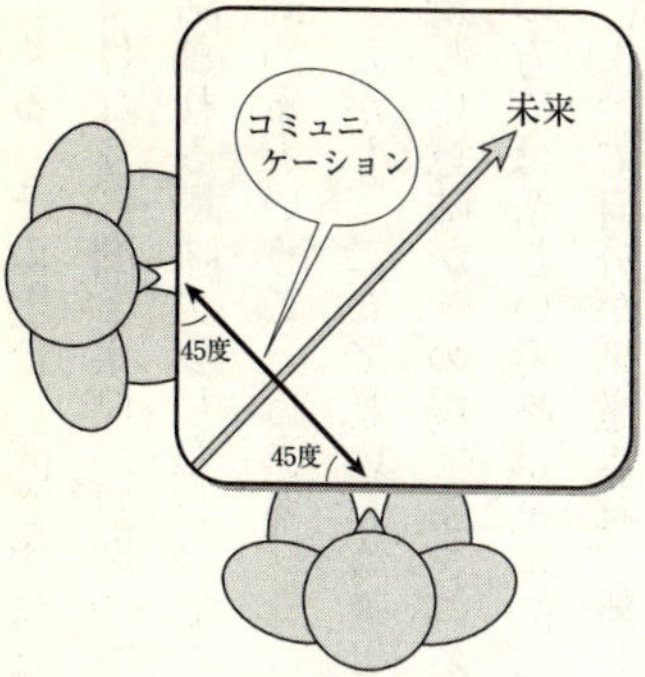

図2　斜め45度のポジショニング

クリエイティブな関係性

理想的なコミュニケーションとはどういうものか。私は、クリエイティブな関係性だと思う。クリエイティブとは、新しい意味がお互いの間に生まれるということである。たとえば、ある知識を持つ人が、もう一人にその知識を伝えたとする。そこで質問が行われ、対話的に情報が伝えられたとする。その場合、聞き手にとっては、新しい意味が獲得されることになる。一方通行ではなく、聞き手側が質問やコメントといった形でアクションを起こすことによって、話される意味が少し変わってくる。コミュニケーション力を生かして、情報伝達の質を高めるということはある。

しかし、ここで私の言うクリエイティブな関係性は、話をすることでお互いにとって新しい意味がその場で生まれるという関係を指している。先ほどのケースでは、話し手の方には新しい意味は基本的には生まれていない。そうではなく、聞き手が発した言葉によって自分が刺激され、新しい意味を見つけ出すことがある。二人で「ああ、そうだったのか、気づかなかったね」と喜び合うような瞬間がある。それがクリエイティブな対話の関係だ。

自分の経験を振り返ってみてほしい。対話する前には決して思いつくことのできなかったことを思いついた瞬間があるのではないだろうか。謎が解け、霧が晴れたような快感。脳が活性化し、ワクワクするような気持ち。こうした軽い興奮がクリエイティブな対話にはある。どちらの頭が優秀であるかということを競い合うのが対話の目的ではない。どちらから新しい意味が生まれたのかさえも重要ではない。大切なのは、今ここでこのメンバーで対話をしているからこそ生まれた意味がある、ということだ。意味に日付と場所を書き添えることさえできる。あのとき、あそこで、あの「意味」が生まれたんだ、と思い返すことができる対話経験があれば、それをコミュニケーションの理想型と設定できる。

クリエイティブな関係というと、一見、実現への距離が遠そうに思われるかもしれない。しかし、実際にはさほど難しいことではない。私が主宰するビジネス・セミナーや授業では、必ずこの関係が生まれる。ある具体的な課題を与え、アイディアを出し合ってもらう。あれこれ言葉を交わしながら、意味が生まれるのを待つ。途中、二人で黙り込んでしまうこともある。調子よくぺらぺら喋ることには価値はない。目的は、一つでもいいから、具体的なアイディアを出すことだ。サッカーで言えば、それがゴールに当たる。ぺらぺら無駄なことを喋っている時間は、バックパスをしているのと同じで得点にはつながらない。単なるおしゃべりがコミュニケーションというわけではない。

相手の言葉で久しぶりに思い出した事柄があれば、それもまたクリエイティブだ。現在の話の文脈に、まったく関係づけることのなかった事柄が結びついてくる。そこで文脈が新たに展開する。自分一人では思いつくことのできなかったことを思いつく。それが「触発」されるということである。

インスパイアとインスピレーション

「インスピレーションが湧く」という表現がある。インスピレーションとは「霊感」とも訳される。エジソンは、「天才とは一パーセントのインスピレーション(霊感)と九九パーセントの汗(パースピレーション)である」という言葉を残した。神によってふっと吹き込まれたかのような新しい発想が、インスピレーションである。

インスパイアとは、霊感を吹き込む、鼓舞するということだ。神にインスパイアされて生まれたものがインスピレーションである。神というと大げさだが、対話の状況では、お互いにインスパイアすることがクリエイティブな関係を生む。触発し合う関係である。いかにも相手を深く刺激する言葉もある。また、何気なく発した一言が受け手の心の琴線に触れ、重要なインスピレーションを生むこともある。

インスパイアすることも、インスパイアされることも、共に技である。当たり前のことばかり言っているのでは、刺激がない。かといって文脈を外して適当に話を散らしても、生産的にはなりにくい。適度な角度と距離を持って、言葉を投げてみる。その言葉がお互いの脳のネットワークのどこかに電流を流す。つながらないものがつながってくる。投げかける言葉は、脳に電流を流すスイッチのようなものだ。

インスピレーションが湧きやすい相手がいる。誰とでも湧くわけではない。自分はこの相手と話しているときにアイディアが湧きやすい、と思える相手を見つけ、関係を深くしていくと、人生が豊かになる。新しい意味が生まれる瞬間を味わうのは、人生の醍醐味だからだ。受け手の対話力が、触発力となる。

テニスの上手な人やキャッチボールの上手な人を相手にすると、気持ちよくできる。自分が上手くなったような気がしてくる。すると、どんどんプレーがよくなり、自分でも思いがけないよいパフォーマンスが生まれる。これは対話でも同じだ。対話力がある人と話すと、アイディアが生まれやすい。そうした人を会話のパートナーにして、クリエイティブな対話の感覚を積み上げていくことが、コミュニケーション力向上の王道である。

自分と対話し言葉を探す

コミュニケーションが深まっているときは、相手とだけではなく、自分自身と対話している感覚がある。すぐに言語化できる事柄だけを話しているのでは、浅い会話になってしまうものだが、自分の中に埋もれている暗黙の知を掘り起こしながら対話することで、深い対話ができるのだ。自分の中に眠っているものを掘り起こすのは、精神的に労力を必要とする作業だ。

文章を書くという作業は、自分自身と対話する作業である。自分でも忘れていることを思い出し、思考を掘り下げる。長い文章を書いたことのある人ならば、それが苦しく充実した作業だということを知っている。日記をつけるという行為も、自分自身と向き合う時間をつくることになる。言葉になりにくい感情をあえて言葉にすることによって、気持ちに整理がついていく。言葉にすることによって、感情に形が与えられるのだ。

対話を深めるための工夫として、自分自身と対話する関係を対話中にもつくるということがある。意識の全体量を十とすると、相手とのその場の会話に十使ってしまうのでは、浅い会話になる。そこで、半分の五を自分自身への問いかけに使ってみる。慣れないうちは、相手への意識と自分への意識の二つを両立させることが難しいかもしれない。そのために会話が途切れ途切れになることもあるだろう。しかし、そうした練習期間を経ることによって、自分自身と対話する構造を対話に組み込むことができるようになるはずだ。

私はさまざまな領域の人と対話する機会がある。そんななかで、相手が言葉を探しているときが、よくある。私の投げかけた問いに対して、真剣に答えようとして、自分の感触にぴったりとした言葉を探している時間だ。逆に、そうした時間をまったく持たず、現在流れている会話の流れをひたすらつないでいるだけの会話もある。自分自身の経験全体に常に向き合い、相手から来る言葉の刺激をその経験全体に一度及ぼし、そこから出てくる感触を言葉にしてみる。この精神の作業は、慣れてくれば比較的短い時間でできるようになる。だが、語彙（ボキャブラリー）があまりに少ないと、微妙な感覚を言葉にしにくい。また、言葉をむやみにこねくり回してしまう場合は、自分の感触への問いかけが足りないケースである。

伝え合うのは意味である。その意味は、心の感触とともにある。ちょうどいい言葉が見つかったときに、「そうそう、ちょうどその言葉がぴったりだ」という感触を得る。先に感触があるのだ。何となく捉えたその感触を手探りで言葉にしていく。言葉にしにくい「心の感触」をあきらめずに辛抱強く持ち続ける精神的な強さが、深い対話をもたらす。

相手と話している文脈は維持しながらも、自分自身の経験知の深みに降りていく。この二つの作業を同時に行う能力が、対話力である。さらに、より高いレベルの対話力とは、相手の経験世界にまで思いを馳せることだ。相手が自分自身の経験を振り返り、微妙な心の感触を言葉にする作業を促し、それにつき添う。自分自身に向き合う習慣のない人もいるが、こちらからの質問によっては、そうした人も自分自身の経験に深く入っていく。海中に潜ってアワビや真珠をとってくる海女さんのように、自分の経験世界に潜っていく。そうした作業を助ける対話力というものがあるのだ。対話に参加している者が皆、自分自身の経験世界に碇《いかり》を降ろし、一方で文脈の流れをつないでいる。それがコミュニケーションの優れた形なのである。

「ていうか」症候群

若い人の間で近年流行している言葉に「ていうか」というものがある。本来は「というよりは……じゃないか」という意味の言葉であろうが、現在は話題をころっと変えるときの便利な言葉として使われている。相手の話していることに異議を挟み、対話をより深くするために自分の意見を言う――そのための言葉ではなく、「ていうか」一語で話題を全く変えてしまうのだ。

私は十代の女の子三人が、こうした「ていうか」を連発する会話を身近で聞いたことがあるが、それはある意味で非常に見事なものであった。それまで相手の話していたこととと全く関係のないことを話し始める。お互いに言いたいことだけを言う。全く話を聞いていないというわけではない。しかし、そこにまとわりついて同じ話題を継続するよりは、自分の話したいことを話す方を皆が選択している。これは完全に友達同士で共有されているルールのようなので、その範囲では問題がない。限られた時間内にお互いに言いたいことだけ言うやり方として、「ていうか」の多用はそれなりに有効である。

ただし、このような「ていうか」の使い方を私自身に対してされるとなれば別問題だ。まちがいなく不愉快になる。というのは、いきなり話題を変えられてしまうと、それまで私が話していた内容がつまらなく関心を持てないものであったといわれている気がするからだ。「ていうか」の使用は癖になる。誰でも自分の話をしたいからだ。この癖がついたままで、友達以外の人と話をする状況になると問題が起こる。「ていうか」を乱用する症候群は、相手と自分との間にできるはずの文脈を軽視、ないしは無視する。

途切れ途切れの話題で満足してしまう関係は、対話的な関係ではない。それも一つのコミュニケーションだと言えないこともないが、その深まりのなさ、自己中心性、話せる相手の範囲の狭さなどから見て、そこにコミュニケーション力があるとは言えない。

自分の身の回りの情報を伝え合うだけでは、コミュニケーション力は向上しない。相手の経験世界と自分の経験世界を絡み合わせ、一つの文脈を作り上げていくことで、次の展開が生まれる。それがコミュニケーション力のある対話だ。すなわち、コミュニケーション力とは、一言で言えば、「文脈力」なのである。

文脈力とは何か

「文脈力」というのは、私の造語だ。しかし、その意味するところは読んで字の如しである。文脈を的確につかまえる力のことだ。

たとえば本を例にすると、文章と文章は脈絡を持っている。飛躍があるとすれば、それはわざとやっているか、書き手の能力が不足しているかのどちらかだ。通常は一文一文がそれぞれつながりを持って展開していき、最終的に一冊の本が一つの「意味の織物」のようになる。文脈力のある著者の書いたものはそうなっているはずだ。書いてあることがあまりにバラバラで、全体としても言いたいことがよく分からない、という文章は、文脈力がないといえる。

私は大学生に四百字詰め原稿用紙で十枚以上のレポートを課題として出す。その意図は、文脈力をつけるということにある。四千字以上の文章となると、文章の内容を構築していく必要が生まれる。勢いだけで走り切るには少々長い。原稿用紙一枚を一キロメートルと想定して考えてみるとわかりやすい。一キロ程度ならば、とりたてた準備をしなくても走ることはできる。しかし、一〇キロともなると、からだの準備を整えておかなければ、走り切ることは難しい。このからだの準備に当たるものが、文章の構築である。事前にメモをつくり、どのような順序で論を進めるかを考える。メモもなしにいきなり一行目から書き始め、思いに任せて書くというやり方では、長い文章を書き慣れていない者にとって完走するのは難しい。

読むときには、どういう脈絡で文章が続いているのかを考え、次の展開を予測しながら読む。書くときにも、これまでに書いたことをふまえ、次の展開にしっかりと脈絡がつながるように意識しながら書く。大量の文章を書くのが苦手だという人は多い。そのような人に対して、しばしば「文章力が足りない」という言葉が使われるが、私ならば「文脈力が足りない」と表現する。文章の上手い下手という問題ではないからだ。思考をつなげて織物のように織りなしていく力――文脈力があるかないかが、文章を書く上で最も重要な分かれ目である。

会話で迷子になる

書かれた文章の場合は、文脈がはっきりしやすい。前後を見比べることができるからだ。会話によるコミュニケーションの場合には、話の内容は、より散らばる。あれこれと話題が飛ぶのが普通だ。それだけに、会話の場面で文脈力のあることは、隠れた力となる。文脈力のある人は、一緒に話をしている相手の文脈力がどれほどであるかもすぐに感じ取ることができる。話に脈絡があるかないかは、はっきりしたことなのである。

会話における文脈は二つある。一つは、一人の人間をとってみた場合に、その人の言っていることに脈絡や一貫性があるかないか、ということ。もう一つは、お互いの発言がきちんと絡み合っているかどうか、ということだ。話している当人の言っていることが支離滅裂ならば、この人の文脈力は相当低い。一つひとつの話に意味がないということも問題だが、話と話の間に脈絡がないのは文脈力の欠如である。

一緒に話をしていて「一体どこからそんな話が出てきたのか」と不審に思うことがある。話している当人の脳の中で突然スパークしたのかもしれないが、それまでの話の文脈とはあまりにもかけ離れている場合がある。一番深刻なのは、そうした文脈のズレをそもそも気にしていないケースである。

「全然話は変わるんだけど……」という言葉づかいをする人も、文脈力は高くはない。

話が変わることを意識しているという点では、脈絡を全く気にしていない人よりはましだが、会話ではなるべく避けたい表現だ。少しずつ話題をずらして、知らぬ間に自分の話したい本題に入っている、というのが望ましい。車の運転にたとえて言えば、この「全然話は……」という表現は急ブレーキを踏んで方向転換をするようなものだ。それまでの流れを断ち切る不快感がある。

文脈力のあるなしをはっきりさせる基準は、会話で迷子になったときに、しっかりと戻ることができるかどうかということだ。「会話の迷子」というのは、「今なんでこの話をしているんだっけ？」という状態のことだ。会話は、本来、川の流れのようなものだ。水源があり、やがて川が太くなり支流に分かれていく。あまりに支流が分かれすぎて水の量が足りなくなり、そこで行き止まってしまう——そうしたときには、水が多く流れるはずのところにまで立ち戻ればいい。道が行き止まりになったら戻って考える、ということだ。

「なぜ今この話をしているのか」という問いに対しては、遡《さかのぼ》って答えることができれば、文脈力があるといえる。道がどこで分かれたのか、その分岐点をはっきりと言葉で示すことができるということである。

話の分岐点には、必ず目印がある。それは当然、言葉だ。ある言葉がきっかけになって、話がずれていく。脳の中は編み目のようになっている。話の文脈とは別に、その話の中でふと出てきた言葉が脳の中で別の言葉やイメージにつながる。そこから話がずれていく。したがって会話の迷子になった場合には、分岐点になった言葉に戻っていけばいい。その分岐点のキーワードに戻り、別のルートへ展開するようにする。そのルートもすぐに行き止まりになりそうならば、もう一つ源流に遡る。その作業を何度かしていると、本来進むべき主流に立ち戻ることができる。

そもそも戻るべき主流などはなかったという会話を、おしゃべりという。スプリンクラーで水を適当にまき散らすように、しゃべり散らす。これはストレス解消になる話し方だ。一般的に、このおしゃべりという会話スタイルは、女性が得意だとされている。とりとめもないおしゃべりでストレスを発散するということが中高年の男性にはできにくいといわれている。話の本筋だけを話そうとすると、話が単純になり反復が多くなる。つまり、広がりのないつまらない話になりがちだ。上手に散らしつつ、また立ち戻る

――この「散らす」と「戻る」の二つの技をともに磨くことで、コミュニケーションの幅が広がるのである。

文脈力のレベル

私は「文脈力」という概念を理解してもらうために、あえて話を次々に展開し、途中で「私は今なぜこの話をしているのでしょうか、どこに戻ればいいのでしょうか」と学生や聴衆に投げかける。すると、五パーセント程度の人は明確にその戻るべき地点を言うことができる。その地点とは、私が本来話すはずの事柄であり、それを放っておいたまま脇道にそれてしまった地点を指している。本流の話をしていて、つい自分の言葉につられるように脇道にそれてしまうことはよくある。自分で戻ることができれば、話の幅が広いということになるが、自力で戻れなければ支離滅裂な話になってしまう。

どこに戻るべきかをはっきりと言葉で示すことのできなかった九五パーセントの人は、文脈力に関して十分だとは言えない。もしこれが二人で話している状況ならば、話している私が迷子になった場合、二人とも戻ってこられないからだ。

ここで明確にしておきたいのは、文脈力とは曖昧な概念ではなく、その都度はっきりとさせることのできる実力だということである。文脈力のある人間は、話の分岐点を記憶している。したがって会話の迷子になることはほとんどない。対照的に文脈力の足りない人は、迷子になると戻れないか、迷子になったことさえも気づかない。まして対話の相手が道に迷っているときに、手を取り案内することなどはできない。

私が考えるコミュニケーション力の中心は、この文脈力である。通常、日本人は日本語で会話ができていると思っている。しかし、そのレベルにははっきりとした差がある。素人でもキャッチボールはできる。しかし、それはプロ野球選手同士のキャッチボールとは、当然、質の違いが格段にある。それと同様のことがコミュニケーションに関しても言える、と私は考えている。誰でもキャッチボールを楽しむことはできるし、それをする資格もある。しかしそのことと、レベルの差があるということは別問題だ。

会話のキャッチボールにも、小学生から大リーガーまでの実力差があるのだと認識している人は少ない。そうしたレベル差は、時と場合、相手にもよるというよりは、その人のコミュニケーション力にかかっている。相手のコミュニケーション力が優れていれば、たいていの人は気持ちよく話すことができる。カウンセラーと呼ばれる人たちは、たいていキャッチボール上手だ。どんな球を投げられても、気づかれないうちに素早く移動して胸の真ん中で受け止めてみせる。会話の流れはスムーズで自然のようだが、それはカウンセラーの対話力の高さに依存している。

自分の文脈力のレベルに気づくこと。まずそこから、コミュニケーション力の向上は始まる。

メモをとりながら会話する

文脈力をつけるにはどうしたらよいのか。文脈力があまりなくとも、文脈をつかまえた会話をするにはどうしたらよいのか。この二つの問いに対しては、同じ一つの答えを用意できる。

それは、会話の最中にメモをとることである。私は、対話中には、ほぼ必ずメモをとる。自分がインタビューされる側であっても、メモをとりながら話をする。相手の質問をまず聞く。できれば相手が用意してきている質問を、はじめに全部聞き出す。そしてそれをメモする。それに対する返答も、質問を聞きながらキーワードだけどんどんメモしていく。自分がこれから話す可能性のある事柄を、とりあえずキーワードでマップにしていくのである。もちろん全部を話すとは限らない。しかしキーワードをメモしておかないと、言い忘れてしまうことが多くなる。相手の質問をメモしておくことによって、的外れな返答をしにくくなる。また、質問相互の関係も考え合わせて、自分の話を展開していくことができる。

自分が主に話す状況であっても、メモは不可欠だ。というのも、話している最中にどんどん話が展開していくのを跡づける必要があるからだ。話している最中に、別ルートの話が一つ思い浮かんだとする。すぐにそれを話し始めると、それまでの文脈が切れてしまう。そのとき別ルートのアイディアを「島」としてメモしておく。とりあえず現在の文脈の話をしきった後で、その島の話題にうつる。メモをしておくことによって、せっかくスパークしたアイディアが無駄にならなくなる。文脈を外さないで話すためには、メモ書きが最良の方法である。

相手と自分の話の文脈を絡める方法としても、メモは必要だ。相手の言葉のキーワードを書き留めていく。そして、そのキーワードによって触発された自分の経験をキーワードでつなげてメモしておく。すぐにその話ができなくとも、メモしてあることによって、話を上手につなげながら自分の話に持っていくことができる。思いついたことをすぐに口にするのではなく、いくつかの話したい事柄をためていくのである。メモにキーワードとしてはっきりと残されている事柄の中から、文脈に合わせてベストなものを選択して話す。そうすると、話の文脈が失われない上に、質も高くなる。

私は仕事上、非常に多くの人との対話経験を持っている。その経験から言えることは、メモをする人は驚くほど少ないということだ。私が出会う相手は、編集者やインタビュアーであるから、当然、通常の人よりはずっとメモの習慣はあるはずだ。それでもその割合は、必ずしも高くない。会議や打ち合わせと言われる集まりでは、その割合はいよいよ低くなる。メモをとらないで一体どうするつもりなのだろう、とこちらが不安になる。総じて、文脈力がある人ほどメモを大事にする。文脈力があるからメモをとらなくてもいい、ということではない。メモを重要視することが、すでに文脈力を重視していることを意味しているのだ。これに対し、自分の話題ばかりを自己中心的に話し続ける人は、ほぼ例外なくメモの習慣がない。逆に言えば、メモをとりながら会話をする習慣をつけることで、自己中心的な話し方から脱却していくことができる。

メモの取り方は、文章というよりはキーワード中心で十分だ。特に話の分岐点になりそうな言葉をメモしていく。川がどんどん分かれていくように、キーワードからキーワードへ矢印を結んでいく。つまり、話の展開や流れを図化していくのである。文脈力のある人は、頭の中でこの図をつくって話している。それをはっきりと紙の上で形として残していくということだ。

文字こそは、文明を加速させた一番の要因である。文字以前の社会は、言葉は持っていたが、文明はさほどの加速を見せなかった。文字の発明以来、数千年で急速に文明は発展した。それほどに文字の力は絶大だ。にもかかわらず、その文字の大いなる力の恩恵を受けようとしない会話が多いのには驚くばかりだ。

メモをしながら会話をするということは、たとえて言えば教科書や参考書を持ち込んで試験を受けるようなものだ。記憶しておく作業を相当省くことができ、確かめることも容易になる。試験で言えば反則に当たる行為が、会話ではルール違反にならないのだ。

それどころか、メモをとりながら話を聞くことは、相手を喜ばすことになる方が多い。たいていの人は、自分の話に意味があまりないのではないか、という不安を持っている。だから、メモしてもらうことで、自分の話には意味があるのだ、という安心感を得ることができる。また、確実に情報が伝わっているのだ、という安心感も当然持つことができる。聞く態度の誠実さが、メモするという行為に端的に表れているのである。

メモは、後で見直すためにとるのが主たる目的ではない。その場の対話をクリエイティブにするためにこそ、メモは必要なのだ。何か一つでも新しい意味やアイディアをその場で生みだすこと。これを目指してメモをとる。そうした意思を強く持ってメモをとっていると、自分でも思いがけないことを思いつく可能性が格段に高まる。文字にしていくと、思考が整理される。話が堂々巡りになりにくく、やりとりが着実に蓄積されていく。

コミュニケーション力の向上は、メモする習慣から始まるのだ。

三色ボールペンのメモ術

会話の最中にメモをとるのに、私は青・赤・緑の三色が入っているボールペンを使う。黒は基本的に用いない。色の分け方は、こうだ。相手の話の中で、「まあ大事」だと思ったところを青、「すごく大事」だと思ったところを赤でメモする。緑は、自分が思いついたことをメモする。

こうすることで、相手の話を取り外すことは少なくなる。要約することもできやすい。話をしている最中に自分の頭の中に思い浮かんだ質問やコメントは、緑でメモしてあるので、話が途切れそうになればそれを使えばいい。メモは相手の話を記録するためだけにとるわけではない。自分の頭の中で思い浮かんだことこそが重要だ。話の多くは忘れてしまう。しかし、自分の頭の中で思い浮かんだ重要なアイディアには価値がある。それが捕まえるべき魚だ。取り逃がさないように、緑のメモを網として魚を捕獲する。

相手の話と自分の考えがジャストミートしたところは、赤でぐるぐる巻きにしておくと目立って確認しやすい。ただメモするだけではなく、言葉をぐるぐる巻きにして、強弱をつける。話の中の優先順位を見た目ではっきりさせる。

相手の文脈をしっかりと捉え、自分の中で触発されたものも書き留めていく。この作業を並行的に行うためには、どうしても三色が私にとっては不可欠だ。黒一色でメモをとっている人を見ると、よくそんな粗雑なメモの取り方で大丈夫だなと心配になってしまう。メモをとるときに既に「意味の優先順位」を決めてとることが重要だ。後から振り返って思い出すためのノートの取り方は、大学の授業でのノートの場合だ。通常のメモの価値は、その場で意味の優先順位をつけることにある。ダラダラとメモするのではなく、強弱をつけること。相手の言っていることだけではなく、自分の中で生まれたことを大切にすること。こうしたことを忘れずに実行するために、色をチェンジさせる動作が役に立つ。常に意味を選別していく高い意識レベルを、色の切り替えという手の動作が維持させるのである。

緑のメモが取れないということは、自分の中で触発されているものがないということを意味する。したがって、メモを見れば、人の話を自分に引きつけながら聞いているかどうかが明らかになる。ただ黙々と相手の言っていることをメモしているだけでは、クリエイティブな会話にはならない。触発されたものを緑としてしっかりメモし、会話に組み込んでいくことで、相手にとっても新しい意味が生まれてくる。三色に分けてメモをとることによって、客観的な要約力と主観的なひらめきの両輪をまわすことになるのである。

色の切り替えにあまり厳密になる必要はない。メモがカラフルになればいい、という程度の意識でも初めは構わない。三色でメモをとり慣れてみれば、一色でとることの不自由さがはっきりとわかるだろう。

マッピング・コミュニケーション

日常の会話の中で文脈力を鍛えるのにはどうしたらよいか。クリエイティブな会話を意識的に引き起こすにはどうしたらよいのか。

私が行っているのは、「マッピング・コミュニケーション」という方法である。やり方は簡単だ。二人で話す場合ならば、二人の間に一枚紙を置いて、そこにキーワードを書き込みながら話をする。二人で書き込んでいくのが通常のやり方だ。ただし相手が慣れない場合は、こちらがキーワードをマップのように書いていく。自分の発言をメモするときもあるし、相手の言葉をメモすることもある。

ポイントは言葉と言葉の関係をしっかりつけていくということだ。線で結んだり、矢印を書いて関係をはっきりさせる。そうすることで、言葉と言葉の関係がはっきりしてくる。それはすなわち、事柄の構造をはっきりさせるということでもある。

このマッピング・コミュニケーションというやり方は、私がたまたま十代の頃から友人とやっていたコミュニケーションの仕方だ。特に誰から教わったわけでもない。話をしていて盛り上がってくると、論点を整理するために、紙とボールペンを持ち出す。ややこしい話をするのが好きな年ごろだったため、書かないと話がこんがらがってしまうのだ。このやり方をしているときには、論点がはっきりとする。反対にこのやり方をせずに、複雑な話をしようとすると、無意味な言い合いに陥っていきがちであった。

通常のコミュニケーションは、空気に溶けて流れていってしまうものだ。紙を置いて話をするだけで、全く事態は変わってくる。それぞれがメモをとる、ということではない。二人で一つのマップを共有していくのだ。自分の言った言葉と相手の言った言葉とが、つながり合う。これが文脈の基本である。文脈というものが、目に見えるマップになっていく。「文脈力」という概念を意識したことのない人でも、マッピングの作業を行っていると自然に文脈に敏感になってくる。

その作業は、私のイメージでは、一枚の紙の上で二人の脳みそを混ぜ合わせるという感覚だ。脳の中でスパークしたものを、どんどん紙に言葉として書いていく。時に連想ゲームのようになっても構わない。頭の中にある関連材料をとにかく紙の上に吐き出していく。整理し秩序づけることは、後でいくらでもできる。まずはカオス(混沌)と呼べるような、言葉の乱舞が必要なのだ。

「マップ」と呼ぶのには理由がある。箇条書きに項目を立てていこうとするだけでは、思考が固くなる。脳の中の網目状のネットワークを写し取るように、縦横無尽に言葉を書き留めていく。そうすることで自由な発想がお互いに生まれやすい。紙の上の言葉をお互いにボールペンでぐるぐる巻きにしたりしながら指し示すことで、事態がクリアになる。あまりに単純な内容の話ではマッピング・コミュニケーションにはそぐわないが、少し込み入ったやりとりの場合は、マッピングをすることによって、話が精緻になり、深まっていく。

このような具体的な方法が、思考や会話の質を高めていくのである。

人間ジュークボックスにならないために

コミュニケーション力を見極める際に基本となるのは、お互いの会話を絡ませることができているかどうか、という点である。一人で話している間はまともな話をすることのできる人の中にも、相手の発言と自分の発言とを絡めて話すことのできない人は意外に多い。こちらの話をまったく聞いていないかのような話の持って行き方をする人がいる。そのような人の特徴としては、次のようなポイントが挙げられる。

一つ目は、質問をあまりしない。相手のことに、あまり関心がないのだ。たとえ質問をしたとしても、それは見せかけだけで、すぐに自分の話をし始める。

二つ目は、人の話を途中で遮る。自分の話は延々と時間をとってするくせに、人が話し始めると途中で遮ってしまう。これは、ボールゲームで言うと、ボール・ポゼッション(保有)の意識が低いということだ。自分がどれだけボール(話す時間)を持っているのかを意識していないと、チームメイト(話し相手)にボールをまわさなくなる。子ども同士の遊びでも、球を友達にまわさずに、一人で保有している子どもがいたら周りから注意されるだろう。話をしているということは、ちょうどボールを持っているのと同じ状態だ。ボールゲームは皆で楽しむものだ。会話も球を意識的にまわさなくてはゲームにならない。

説教のモードにすぐに入りがちな人は、相手の話を最後まで聞ききる習慣が少ない。すべてを説明しきる前に、初めの言葉で怒りだしてしまう。ちょっとした言葉づかいが逆鱗に触れ、話の本筋に入る前に説教が始まってしまう。これではコミュニケーションがとれていないと言える。

三つ目は、人が使った言葉を上手く使いこなすことがないということだ。会話をしていると、それぞれが使うボキャブラリーというものがある。相手が慣れ親しんでいる言葉をこちらがその場で上手に使いこなすことができると、コミュニケーションは格段に深まるのだが、これを意識して行っている人は少ない。反対に、自分の使うボキャブラリーが上手に相手の話す文脈に組み込まれると、会話が絡み合っているなと感じるものである。

会話の素材は、言葉だ。お互いのボキャブラリーが混ざり合うことで、味わいのある料理ができあがる。肉じゃがをつくるのに、肉とじゃがいもをそれぞれ別に料理し別の器により分けているようならば、それは肉じゃがとは呼ばない。会話でも、素材（ボキャブラリー）が混ぜ合わされ、一つの文脈に溶け合わされるからこそ、会話と呼べるのだ。

相手の話をきちんと聞く習慣がなく、自分の得意ネタを話し続ける人を、私は「人間ジュークボックス」と呼んでいる。ジュークボックスというのは、かってお酒を飲むバーのようなところにあったミュージック・マシンだ。コインを入れK－3とか、F－2といった記号を押すと、その記号にセットされている音楽が鳴り出す。あらかじめセットされている曲しか流れない。自分の話ばかりしたがる人の中には、自分の中にあらかじめセットされている話を反復する傾向があるのだ。

相手が変わっても同じエピソードを繰り返し話す人がいる。そうした人にとって会話の相手は、「話のジュークボックス」の記号ボタンを押す役割のためだけに存在する。

ジュークボックス化は、一つひとつの話がつまらないということとは関係がない。文脈に沿っていない、相手の話したいことと絡んでいない、ということが問題なのである。

私は個人的に、ある人がぼけているかどうかの判断基準として、相手と話を絡ませて会話を続けることができるかどうかという点をチェックポイントにしている。高齢になっても、相手の話にきちんと反応し、それに絡む形で自分の話を上手に織り込んでくる人は、ぼけてはいないと判断する。若い人でも、話が絡まない場合には、「若いのにぼけているなあ」と感じる。若い人の場合には自己中心的だと判断するのが普通かもしれないが、あえて「すでにぼけている」と認定してしまった方が現実に即しているように私には感じられる。相手の言葉を刺激として受け取り、自分の脳の反応を相手にお返しとして返す。これが、脳が働いている人の対話の仕方だ。それができずに自分の世界に閉じこもっている場合は、脳が固まってきていると思うのだ。

文脈と全く関係のない話題を平気でいきなり持ち出してきたり、もう既に済んだ話を蒸し返してきたりすると、これもまた頭がぼけていると言いたくなる。文脈をしっかり押さえた話し方をする人は、頭の老化が遅い。相手に柔軟に対応し、文脈を共につくることができる頭は、年齢にかかわらず老いてはいない。

誰とでも会話の糸口を見つけられるか

コミュニケーション力をはかる基準としては、話す相手が幅広いという基準も挙げることができる。誰か特定の人間としか話せないとなると、コミュニケーション力は低い。お母さんとしか話すことのできない子ども、友達としか話せない若者、同年代・同性の仕事仲間としか話せない会社員など、会話の相手の幅が狭い人はコミュニケーション力が十分ではない。老若男女と接する機会が多いほど、柔軟なコミュニケーション力が養成される。幼児とはどんな話をしたらいいのか、二十代の女性とは、五十代の女性とは……といったように相手によって話題を変えて、会話の糸口を見つけ出していくことができれば、コミュニケーション力は相当高い。

もちろん年齢や性別だけでは十分ではない。相手の置かれている社会的な状況や関心事を瞬時に察知して、対話関係を結ぶ。具体的な状況としては、マンションのエレベーターで二人きりになった場面を考えてみよう。五歳児と一緒になったときに、「何階まで行くの?」と聞く程度のことは普通だ。まったく一言も交わさずに過ごすとすれば、コミュニケーションを煩わしく思っていると判断していい。「どこの幼稚園に行ってるの?」や「今日「ちびまる子ちゃん」やるよね、見る?」といった話題をふってみることができるかどうか。本当に上手くやれば、十秒ほどの間でも多少とも心の通い合う会話を交わすことはできる。

世間話の効用というものがある。お天気の話から入り、とりとめもない世間話をする。そうすることで、お互いに素知らぬふりをしているよりは、ずっと気持ちが楽になる。一緒の空間にいて、相手がそこにいることは分かっているのに、あたかも誰もいないかのように振る舞い合う——そうした気まずい空気を過ごすよりは、さっと世間話をして、気持ちを交わし合って別れる。その方がずっと気分がいい。

誰とでもすぐに世間話ができる。これは重要なコミュニケーション力である。

いきなり本題から入る

世間話が何気ない話題でお互いの交流を図るものだとすれば、それと対照的なのが、いきなり本題から入るというやり方である。これも世間話と同じく、コミュニケーションの一つの技だ。

本題にすっと入ることで、お互いに時間が無駄にならない。忙しい相手の場合は、このやり方が喜ばれる。相手の関心がその用件にのみあり、人格的な交流などはさして望んでいない場合もある。そうした状況では、本題から入り、用件をさっさとすませるのがお互いにとっての幸福だ。

だが、いきなり本題に入るという技は、身に付いていない人がやると、単にぶしつけになってしまう。日本では伝統的に本題に入る前に挨拶が長々と行われた。それが相手に対する礼儀という意味合いもあった。しかし、外堀を埋めるようにして徐々に本丸に近づいていくようなやり方は、現代のコミュニケーションには合わない場合も多い。会議などでも本題の審議に入る前の報告事項が長すぎて集中力が損なわれるケースがよくある。いきなり本題に入る技が組織(システム)として欠如しているのである。

事柄の重要度・優先順位にしたがって話の順序を決めていく、というやり方は合理的だ。だんだん重要な問題に移っていくのではなく、もっとも重要な問題から話を始める。途中で障害が起こって話が途切れても、もっとも重要なことだけは話し終えている、というやり方である。この「事柄の優先順位にしたがった話し方」を技として意識的に身につけると、ビジネス・コミュニケーションの武器となる。世間話の技とこの技を、状況に応じて使い分けることができれば、ハイレベルなコミュニケーション力と言えよう。

このようにコミュニケーションのさまざまな要素を技として捉え直す観点には、違和感を持つ人もいるかもしれない。コミュニケーションとはもっと自然なものだ、という観点からの疑問だ。だが、現代においては、コミュニケーションは格段にスピードアップされている。的確に要旨をつかみ、自分の言いたいことを伝えねばならない。そのテンポは加速している。仕事の状況では、なおさら厳しく的確なコミュニケーション力が求められる。つまり、要求されているコミュニケーション力の水準が高くなってきているのである。それに対応するには、コミュニケーションを一度、技として捉え直す観点が必要なのである。

さらに言えば、現代日本の状況においては、自然なコミュニケーション力が身に付きにくいという事情がある。きょうだいが少なくなり、家族全体が縮小し、関わる人間の数が成長過程において減ってきている。異年齢で遊ぶことも少なくなり、からだを使った遊びも減ってきている。写真家の土門拳が撮影した昭和の子どもたちの姿には、ごく自然にからだでコミュニケーションしあう子どもの集まりがあった。子どもは大勢の人の中で育つものであった。だが、いまや状況は変化した。子ども部屋に閉じこもっていても暮らしていけてしまう状況が出てきた。自然なコミュニケーション力を支えていた基盤が崩れだしているのである。世間話も、もはや自然な技ではなくなってきている。したがって、コミュニケーションを技として捉え直す必要があるのだ。

コミュニケーションするからこそ家族

コミュニケーションは、この世の中を生きていくための重要な手段であると同時に、生きる目的そのものでもある。仕事の場では、コミュニケーション力は重要な手段である。対話力が低ければ、生産効率が悪くなる。ミスも多くなり、職場の雰囲気も悪くなる。会社は利益を上げることを目的とした集団だ。その利益を上げるためにコミュニケーション力が必要となる。

家族の場合は、これとは事情が異なる。家族は利潤を求めているわけではない。関わり合うことそのものが目的と言える集団だ。一緒に食事をし、話をし、どこかへ一緒に遊びに行く。ボーッと一緒に部屋で寝っ転がって時を過ごすこともまた、家族のよさだ。何かを生みだすことが目的ではない。そこでは一人ひとりが優秀であるかどうかは本来重要なことではない。赤ちゃんに対して優秀かどうかを問う親はいない。赤ちゃんは手間のかかる存在だが、その世話をすることが皆の生き甲斐にもなる。家族においては、生産性よりも、感情が交流することの方が重要なのである。

私たち人間は、コミュニケーションしたいという欲求を強く持っている。一人きりになるのは寂しいし、怖い。部屋で一人静かに過ごす時間は快適なものだが、社会から全く切り離され、他人とコミュニケーションができなくなったとすれば、そのような快適さはもはやなくなるであろう。刑罰の一つに独房というものがある。一人で部屋に入れられ誰ともコミュニケーションできない状態は、人間にとっては刑罰なのである。

コミュニケーションし、感情を交わし合い、考えを語り合う。それ自体が人生の目的なのである。深い永遠の愛ばかりが人間にとって必要なものではない。気持ちを軽く伝えることができる存在が、まずほしい。何かを見て、いいなという感情が湧いたり、何かを食べて、おいしいなと思ったりしたときに、その感情を分かち合う相手が欲しくなる。その相手は、時に人間でなくとも構わない。犬は、人間のコミュニケーション欲を充たしてくれる重要なパートナーであり続けてきた。私たちは気持ちを誰かと伝え合い、あれこれと話をしなければいられない存在なのだ。

だからこそ、家族が人間にとっては重要な単位なのである。社会では能力で人間の価値がはかられるのに対し、家族の中では、基本的にはコミュニケーションする関係が求められている。

中学生くらいになって自分の部屋に閉じこもり、内側から鍵をかけ、親と交渉をしなくなる子どもがいる。これはまったく言語道断な状況だ。家族であるからには、コミュニケーションする、いわば義務がある。経済的に完全に独立しているのならば、一人暮らしをすればいいわけだが、経済的に親に依存している以上、親とはコミュニケーションする義務がある、と私は考える。

ここで経済のことを持ち出すのは、一つの方便だ。本当はお金のこととは別に、家族であればコミュニケーションを拒否することなどはまったくおかしい。思春期には、親と話すのがわずらわしく感じることもあるだろう。しかし、自分の部屋にこもってしまう子どもが多すぎる現状では、親の側はもっとコミュニケーションを子どもに要求してもいいと私は考える。「親と話してもおもしろくないから話さない」という言い分を通させすぎると、大事な話をする機会も持ちにくくなる。家族は、コミュニケーションする集団だ。コミュニケーションするから家族なのである。それを拒否したいのであれば、がんばって独立する他はない。

すれ違い夫婦の離婚も、よく話題になる。コミュニケーションすること自体が家族の中心的な目的なのだから、あまりにすれ違いが多くなれば、共働きで経済的に豊かになっていたとしても、一緒に暮らす意味が感じられなくなる。これは好き嫌いの問題ではない。家族という関係の本質に関わる問題なのだ。「コミュニケーションするから家族なんだ」というフレーズを皆で呪文のように唱えると、家族内コミュニケーション断絶の防止に役立つのではなかろうか。

親子間、きょうだい間での手紙

現在急速に廃《すた》れてきているのが、手紙によるコミュニケーションだ。電子メールは頻繁に行われており、文字による交信は、むしろ頻繁になってきている。しかし、電子メールと、紙媒体の手紙とでは、雰囲気が違う。手紙が離ればなれにいる家族間の重要なコミュニケーション手段であった時代があった。

家族間の手紙をいくつか見ることで、コミュニケーションするから家族なのだということの一つの証左としたい。

まず親から子への手紙としてもっとも有名なものの一つは、野口英世の母シカが英世へ送った手紙(明治四十五年)だ。米国にいる英世に向かって、「帰ってきてくだされ」と切々と訴えている。書き慣れない文字で綴られたその手紙は、読む人の心を打つ。

はやくきてくた《だ》され○はやくきてくた《だ》され／はやくきくた《だ》され○はやくきてくた《だ》され○いしよ《(一生)》のたのみて《で》《(、)》○ありまする／にし《(西)》さむいて《(向いては)》わ《(、)》○おか《が》み《(、)》○ひかし《(東)》さむいて《(向いては)》わおか《が》み《(、)》○しております○きた《(北)》さむいて《(向いては)》わおか《が》みおります○みなみ《(南)》た《さ》むいて《(向いては)》わおか《が》んて《で》おりまする○ついたち《(朔日には)》にわし《(塩断)》をたちをしております○ゐ少さま《(栄昌様)》に《(、)》○ついたちにわおか《が》んて《で》もろておりまする○なにお《を》わすれても《(、)》○これわすれません○さしん《(写真)》お《を》みるト《(、)》○いただいて《(戴いて)》おりまする○はやくきてくた《だ》され○いつくるトおせて《(教えて)》くた《だ》され○

これのへんち《(返事)》ち《を》まちてをりまする○ねてもねむられません

（原本・野口英世記念館）

ここで母のシカが英世に望んでいることは、コミュニケーションしてくれということである。手紙でのやりとりでは不十分だ。そばに来て顔を見せて欲しい、話をして欲しい。そんなコミュニケーションへの強い思いが手紙に込められている。お金ならば英世が送ってきている。シカは息子の成功を喜んではいるが、一番求めているのはコミュニケーションなのである。

安本末子の書いた『にあんちゃん』には、小学生の安本末子さんや、その姉に宛てたお兄さんの手紙が収められている。この本は、小学生の安本末子さんの日記だ。炭坑の町で、両親を亡くし、きょうだいで生きていかなければならない厳しい状況である。末子さんのもとには、働きに出て離れて暮らす兄や姉から手紙が来る。それを宝物のように日記に写す。たとえば姉が回してくれた、兄から姉あての、このような手紙（昭和二十九年）だ。

高ちゃんもかしこい。末ちゃんもほんとうによい頭をもっている。勉強させれば、どれだけでものびていく子供たちになった。そして、心もけっしてわるくない。父と母のやさしい心をりっぱにうけついでいる。ほんとうに惜しい。このまま小学だけでやめさせるのは、ダイヤモンドを太平洋のまん中におとすより、なおなお惜しい。

この間、大鶴に帰った時に、末ちゃんの日記と作文をよませてもらったけど、その文章のうまさに感心してしまった。作文の成績「ゆうしゅう」の高ちゃんもかなわないだろうと思った。もちろん四年生の作文だから、かきたりない所や、へたなかき方をしたところなど、かなりあるけど、上手なところは、兄さんでも、こうはかききらないだろうと思うほどだった。その晩、いっしょにふとんでねながら、ふとみた末ちゃんの手の小ささに、兄さんは「こんな小さな手で、あんなことをかいたのか。たどたどしいアイウエオをかけるようになったのは、ほんのこのあいだのことだと思っていたのに、もう感心するような、いじらしいことをかけるようになったのか」とむじゃきにねている顔に、涙がでるほど、ほおずりしたくなったものだった。兄さんは、お前や高ちゃんたちから、「兄さん」とよばれる身分だと考えると、もったいないと思うほど嬉《うれ》しい。お前たちのような、りっぱな弟妹の兄さんだということだけで、心から幸福感にひたることができる。お前たちが、たとえ、よい事であっても、兄さんの気にくわないことをすると、いやな気持になる自分が、かなしく、さびしい。

（安本末子『にあんちゃん』西日本新聞社）

現在では、きょうだいの間でこのような手紙を交わし合うことはまれになってきているだろう。一言一言に気持ちを込め、文字に綴る。受け取った側は、繰り返し封を開け何度も読み、心の支えにする。手紙は、かつてそんな重みのあるコミュニケーションの手段であった。この気持ちの切実なやりとりが、家族としての証であった。

特攻隊員の手紙も残されている。家族に宛てられたこの手紙（大石清、昭和二十年）は、返信先を持たない。この手紙が受け取られる頃には、手紙を出した当人はこの世にいない。しかし、最期の言葉は届く。

なつかしい静《しい》ちゃん！

おわかれの時がきました。兄ちゃんはいよ〳〵出げきします。この手紙がとどくころは、沖なは（縄）の海に散つてゐます。思ひがけない父、母の死で、幼ない静ちやんを一人のこしていくのは、とてもかなしいのですが、ゆるして下さい。
兄ちゃんのかたみとして静ちゃんの名であづけてゐたいうびん(郵便)通帳とハンコ、これは静ちゃんが女学校に上るときにつかって下さい。時計と軍刀も送ります。これも木下のをぢさんにたのんで、売ってお金にかへなさい。兄ちゃんのかたみなどより、これからの静ちゃんの人生のはうが大じなのです。
もうプロペラがまはってゐます。さあ、出げきです。では兄ちゃんは征きます。
泣くなよ静ちゃん。がんばれ!

(神坂次郎『今日われ生きてあり』新潮文庫)

紙に肉筆で書かれた文字が訴えてくる力。これは電子メールにはないものだ。これは、用件を伝えるのが目的の手紙ではない。強い思いを伝えるための言葉だ。家族の中でコミュニケーションがうまくいかないと言われることの多い現在、こうした手紙は新鮮な衝撃を与えるだろう。

和歌のやりとり

コミュニケーションの日本的な形態として、和歌のやりとりがある。五・七・五・

七・七の型の中に、あふれる感情を込める。すべてを言い切るわけではない。言葉の象徴性をフル活用する。受け取った相手も、言葉の意味するところを深く読み込む。その読み取りの力が、そのまま恋愛力にもなっていた。

恋する相手に歌を贈る。その歌の意味を理解した受け手が、また歌を返す。この和歌のやりとりによる感情の響き合いは、日本が世界に誇るべきコミュニケーションの型であった。

『万葉集』の有名な歌のやりとりを見てみよう。

あしひきの山のしづくに妹《いも》待つとわれ立ち濡れぬ山のしづくに　（大津皇子《おおつのみこ》）

吾《あ》を待つと君が濡れけむあしひきの山のしづくに成らましものを　（石川郎女《いしかわのいらつめ》）

ここではっきりしているのは、思いを言葉に「託す」というやり方だ。言葉に込められたエネルギーを読み手は感じ取る。相手の歌の中の言葉を、自分の歌にアレンジして組み込む。相手の使ったキーワードを用いて話す、という技が和歌のやりとりでは基本技として駆使されている。思いを込めて使った言葉を相手がしっかり受け取り、使って返してくれる。そのことで心がつながり合う。ただそのままの形で返すわけではない。意味を少しずらして別の文脈に発展させて使う。そうすることによって二人の間に文脈の糸がつながる。

和歌はすでに愛し合っている恋人同士の関係でやりとりされるばかりではない。まだ顔を見たことのない女性に思いを懸け、熱烈なラブコールの和歌を贈る。人の噂だけでいきなり恋してしまうというのも現在の感覚からするといかがなものかとは思うが、当時にあっては顔を見るということ自体が既に深い関係を許したということになるのであるから、無理のないことであった。

男性は女性に上手な歌を贈る。女性はそれを見て、男性の心の誠実さをはかり、教養の程度を見抜く。和歌は長い伝統を持っており、そこで使われる歌の技術に教養があらわれる。教養は身分と直結し、男性の魅力そのものとなる。男性の側も、返された歌を見て、どういう心根の女性なのか、育てられ方はどうであったのかを推し量る。たった三十一文字のやりとりを通じて、相手の人格や魅力を目一杯想像するのである。この「想像する」ということ自体が当時の恋愛の醍醐味であった。「一体どんな魅力的な人なのだろう」とお互いに想像をふくらませ、夢を見る。この夢見る時間こそ、恋愛ならではの華というものだ。和歌のやりとりは、恋愛の王道である想像力(妄想力)を鍛えるトレーニングメニューでもあった。

『源氏物語』の中の光源氏と女性とのやりとりを見てみよう。

いぶせくも心にものをなやむかな
　やよやいかにと問ふ人もなみ

（中略）

思ふらむ心のほどややよいかに
　まだ見ぬ人の聞きかなやまむ

胸もふさがる切なさに
悩み悩んで苦しんでいます
いったいどうしたのかと
心配して尋ねてくれる
人もいない身には

あなたのお心の深さは
はたしてどれほどなのでしょう
まだお逢いもしないのに
人の噂だけでお心を
悩まして下さるなんて

（瀬戸内寂聴『源氏物語　巻三』講談社）

まだ顔を見たことのない女性によくもこれほど言葉の誘惑ができるものだ、とむしろ感心してしまう。女性には断る権利もあるわけなので、このような歌をもらえば嬉しいに違いない。女性をきちんと「姫」として扱う伝統が、和歌にはある。男性が女性をほめあげ、熱烈に何度もラブコールをする。女性は恥じらいながら、いなしたり、すかしたりしながら様子を見る。言葉の微妙な使い方から、感情の揺れ動きをお互いに読み取る。高度な恋の駆け引きだ。微妙な揺れ動く感情を繊細にやり取りするコミュニケーションの型が存在していたことによって、繊細な心もまた養われていったのである。

連歌——座というスタイル

和歌が主に男女の二人の間のコミュニケーションの型だとすれば、連歌は多人数でのコミュニケーションの形式である。連歌は、世界的に見て独自性の高い日本の伝統的な文学形式だ。文学は通常一人で書くものだと思われがちだが、連歌は何人もの人間の間で言葉をまわして作っていく。短歌の上句の五・七・五(長句)と下句の七・七(短句)を数人で交互に詠み上げていくのだ。

連歌という形式の発生は古く、奈良・平安時代に遡るが、鎌倉時代の後期には百句が形式として定着し、百韻と呼ばれた。歌仙(三十六句)や千句、万句という形式まである。室町時代に宗祇、宗長といった連歌師たちが登場して最盛期を迎えた。

コミュニケーションの形式として連歌がおもしろいのは、「付合《つけあい》」を楽しむ点にある。前の人が作った句に刺激を受けて、それに絡めて自分の句を作る。連続する二句の付合の妙を楽しむのである。百韻では、百句全体が全部一貫している必要は必ずしもない。むしろ付合の妙が続き、全体として皆が想像もしなかったような展開があらわれる方がおもしろい。このあたりの気楽さも、連歌の魅力だろう。

連歌は、作り手たちが一つの場所に座って一座を成す。そして、座った形がすでにコミュニケーションになっている。座ってじっくりと句をひねるのを楽しむだけでなく、人が作るのを待つことも楽しみとする余裕がある。ことわざに「連歌と盗人は夜がよい」というものがあるが、どちらも夜落ち着いてじっくりするのがよいという意味だ。じっくりと座り、皆で一つの空間を作り上げる身体のあり方、付合によって共同作業で思わぬ展開を楽しむ文学様式。こうした独自の魅力を座の文学たる連歌は持っている。

日本的なコミュニケーションの型であるといえよう。

回し書きで作文をする

「一文《いちぶん》回し書き作文」というゲームがある。四人ほどで机を囲んで座る。一枚の紙に誰かが一文(一センテンス)を書く。一文書いては時計回りに次の人に渡していく。連歌の精神を受け継いだような形式だ。教室でやるときには、制限時間をもうけると、かえってテンポが良くなり盛り上がる。話を自在に展開できるところがおもしろい。

明治大学での私のゼミのプロジェクトとして、大学生と中学生が交流するという企画がある。大学生の発案で、この「一文回し書き作文」を中学生と大学生が混じって行うことになった。男子中学生がふざけて下ネタに落ちていってしまうケースもあったが、作文をグループでしている最中は皆とても楽しそうであった。

円になり、どんどんまわしていくというスタイルは、コミュニケーションの型として優れている。前の人の刺激を受け取り、自分が工夫をし、次の人に受け渡していく。次の人が待っているので、適度な緊張感と責任感が生まれる。まったく責任や期待のないところで生みだす言葉よりも、形式があり人が読んでくれる状況の方が活性化することが多い。聞いてくれる、読んでくれる人がいるからこそ、やる気になる。円形になって言葉をまわしていくことで、心がつながり合うのだ。

私はよく句読点で区切って次に回すというやり方での音読をやってもらう。すると全くの他人同士がすぐにうち解け合う。場の空気が一気になごむのだ。ただダラダラと日常会話をしようと思っても、他人同士ではなかなかうまくいかない。いいテキストを回し読みしたり、自分たちで回し書き作文をすることで、心の温かなつながりが生まれるのである。

弁証法的な対話

弁証法というと大げさな用語のようだが、もともとはギリシャ語で「ディアレクティケ」という語であり、対話のことだ。ただ言葉をやりとりするということではない。問いと答えを繰り返し、対話を発展させることで、深い知見に至っていく。そのような質の対話のことだ。

私はこの弁証法を仲のいい友達と二人一組でトレーニングしていた時期がある。ふつうに対話をしていると、二人ともすぐに気が合ってしまう。考え方も似ているので、「そうだよね」で話が終わってしまう。そうした共感関係だけでも十分楽しく過ごせるのだが、議論を応酬し深さを追求したい欲求があったので、あえて二手に分かれて討論をするようにした。

相手が言ったことに対して自分はとりあえず反対の立場、あるいは別の立場をとる。相手を言い負かすことが目的ではない。別の観点を持ち込むことで、事態を多角的に見るようにする。二つの立場で話しているうちに、片方が矛盾に陥ることがある。あるいは、二人で議論の森の中で迷子になることもある。そして、そうした混沌の中から、二つの相反する立場が矛盾しないような観点が出てくることがある。そんなときは快感だ。

ヘーゲルは、アウフヘーベン(日本語では「止揚」)という言葉を哲学的な意味で用いた。低い段階を否定することで、より高次の段階に進んでいく運動を指す。アウフヘーベンには、否定する・高める・保存する、という三つの意味が含まれている。このニュアンスを利用したわけだ。ヘーゲルの使うような厳密な哲学的意味合いではなく、日常の対話において、私たちはアウフヘーベンを楽しんだのである。

端から見れば、なぜそんなに言い合っているのかがわからないほどに激しく議論を応酬した。一筋の道が見えてくるのを求めて議論をし続けた。「まあ、どっちでもいいんじゃない」という解決はとらない。異なるものの見方を、矛盾なく一貫した論理で捉え直す、そんな高次の概念(コンセプト)を求め続けていると、二時間ほどして不思議と出てくるのであった。自分の立場に固執しているわけではなく、あえてその立場を守ることで、よりしっかりした構築物を作ろうとしていたのである。十代から二十代にかけてあまりにも暇だったせいか、この弁証法スタイルの対話に毎日何時間もかけていた。

周りを見ていると、このようなスタイルの対話法を意識的に行っている人は意外に少ないのに気がついた。しかし、膨大な時間を費やした経験から言えば、弁証法スタイルの対話を意識的にトレーニングすることは、コミュニケーション力の向上に非常に有効である。わかり合うことが大切だ、というレベルでは、より高次の段階への勢いが足りなくなる。相手の言いたいことと自分の考えは一致していると分かっているときでも、あえて疑問を投げかけることで、話が展開していく。意地悪に相手をやりこめる必要はない。相手に勝っても仕方がないのだ。二人の攻防のプロセスが意味あるものになるのがねらいだ。そして霧の中を抜け出ることができたときには、二人で「いやあ、そういうことだったのか」と喜び合う。人間らしい喜びを味わえる対話スタイルである。

このような弁証法的対話スタイルは、一つの技である。ある程度練習しないと、感情がもつれることにもなる。この技の経験がまったくない人に向かって、いきなり仕掛けていくと、相手はむやみに自分が否定されたように感じて不快な思いを抱くだけに終わるから注意が必要だ。

これは、ディベートとは少し違う技術であり、立場には基本的に固執しすぎない。話を発展させていくためにアイディアを出し合う。途中で立場が入れ替わっても構わない。お互いに技を引き出し合い、受けてみせるプロレスのようなものだ。相手の技を初めから封じ込めたりするのではおもしろくない。本当の真剣勝負というのは意外にシンプルで、見ていてそうおもしろくはないことも多い。お互いに戦っていながらも得意技を出し合うプロレス的な対話法が、友人同士の弁証法的対話スタイルなのである。これは脳が汗をかくような、いいコミュニケーション・トレーニングだといえよう。

セックス・コミュニケーション

性行為(セックス)の主たる目的は、生物学的な観点から言えば生殖であろう。昆虫の生活を見ていると、まさに生殖のために生命を使い果たしていると思える。女王アリはひたすら子どもをつくり、雄のアリは交尾のあと死んでいく。生物の世界では、食と性が二本柱となっていて、すべては子孫をつくるための営みになっている。人間でさえも「遺伝子の乗り物」と言われることがあるくらいだ。遺伝子を受け継いでいくことを至上命令として生きさせられている。そんな観点も出てくるほどに、次世代に続く生殖活動が性行為の中心的な目的とされる。

しかし、現実を生きている私たちの感覚からすれば、セックスは、生殖を目的とするよりは、性的快感を求めてする場合の方が圧倒的に多い。性行為のたびに子どもができていたのでは、大変なことになってしまう。人口が増えすぎて人類全体のためにもならない。生殖を目的とする以外の性行為を悪だと決めつける見方には、基本的に無理があるし、性的な快感を求めることは、人間にとって自然なことだ。

セックスという行為の原動力が生殖本能と性的快感にあるのはたしかだ。しかし、それ以上に重要なことは、濃密なコミュニケーションをしたいがためにセックスをするのではないかということだ。心が通い合う関係でなくとも、生殖行為はできる。また性的快感を得るためだけならば、マスターベーションという方法もある。セックスがしたいと強く思う気持ちの中には、他者とより深いコミュニケーションをしたいというコミュニケーション欲があるはずだ。

レイプは、コミュニケーション的要素の全くない性行為だ。強姦する側の性的快感のためにのみ、相手は道具として使われる。二人の間にコミュニケーションはない。一方通行的、強制的な暴力でしかない。私たちはレイプをセックスとは言わない。レイプには、双方の合意もなければ、コミュニケーションもないからだ。

セックスの中には、レイプほどはひどくはないが、一方的なやり方のセックスがある。相手の反応を確かめることなく、自分のやりたいようにやってしまう。普段からため込んでいる性的な幻想を相手に押しつけ、自分のペースだけで進める。相手が変わっても、やり方は変わらない。何度しても同じパターンを繰り返す。これでは、相手をしている方は、ばかばかしくなってしまうだろう。自分が相手の性的欲望の道具にしかされていない気がしても無理はない。お互いの間にコミュニケーションがないセックスでは、双方が満足を得ることは難しい。

コミュニケーションするセックスは、双方とも相手の反応を確かめながら、事を進めていくやり方である。相手が感じているかいないかということを敏感に察知しながら、打つ手を変えていく。人によって感じるツボは違う。そのツボを探し当てるようにしながら、身体と身体で、時に言葉を使いながらコミュニケーションしていく。やりとりを交わしながらお互いのツボを探し合い、融合させていく。相手のことをより好きになっている方は惚れた弱みがあるので、相手のツボに合わせて動くということもある。

自分の言葉や動きが相手にどのような反応を引き起こしているのか。これをその都度敏感に察知することで、セックスはコミュニケーションになっていく。一回一回相手に「これは気持ちがいいか」と聞くのは野暮というものだ。相手の微妙な反応で察知していくのが本筋だ。受け身の構えであっても、反応をきちんとすればコミュニケーションになる。何をされても無反応、あるいはまったく同じ反応というのでは、コミュニケーションは発展していかない。反応の強弱や種類で、コミュニケーションは精緻になっていく。

セックスがコミュニケーションになっているかどうかは、同じ相手と何度もセックスをして徐々に飽きていくか、それとも質が良くなっていくかでわかる。対話的な関係ができていないセックスにおいては、徐々に飽きがくる。性的刺激は、慣れるに従って通常は減っていくものだからだ。これに対して対話的なセックスのスタイルの場合は、お互いにツボをわかり合い、回数を重ねるほどに質が高くなる。ピッチャーとキャッチャーでいえば、ピッチャーの球種をすべて知り尽くし特性をわかっていればいるほど、リードが上手くなるようなものだ。知れば知るほど相手の力を引き出すのもまたうまくなる。セックスに関する癖や性的幻想、ツボといったものには、個人差がある。そうした偏りをお互いに理解し、むしろ増幅させ合うようにして対話的関係を結ぶことができれば、その二人の関係はユニーク(唯一無二)なものとなる。

セックスを区別するのに、ノーマルか変態かという区別はあまり有効ではない。二人の間で関係が有効に成り立っていれば、他人がとやかく言う問題では基本的にはないからだ。むしろ、コミュニケーションしているセックスか、していないセックスかという区別の方が、現実的には有効だと考える。お互いの癖と癖、幻想と幻想がぶつかり合うところで、微妙な折り合いをつけながら、次に進む。コミュニケーションの可能性の見いだせない、あまりにもかけ離れた相性の悪さもあるだろう。逆に相性がいいと思える場合は、コミュニケーションができる関係だということだ。前提となる経験知が積み重ねられ、それを基盤にしてヴァリエーションが増やされていく。やりとりが増幅し、複雑化することで、飽きの来ない関係になっていく。

セックスの場面では、それぞれの心身の微妙な感覚や癖がぶつかり合う。経験知や身体知の蓄積がぶつかり合うわけなので、その場はコミュニケーションの実験場のようなものになる。要素は複雑であり、興奮度は高い。セックスは、コミュニケーションの華である。

第2章

コミュニケーションの基盤

——響く身体，温かい身体——

響く身体、響かない身体

コミュニケーションは、響き合いである。

「打てば響く」という言葉がある。ひとこと言えばピンときてわかってくれるということだ。鐘を撞《つ》いたときに、ゴーンと鳴り響く。あの振動の感触が、コミュニケーションの場合にもある。二人で話しているときに、二つの身体が一つの響きで充たされる。そんな感覚が、話がうまくできているときに訪れることがある。これはそれほど奇跡的なことではない。

話をしている最中に笑いが起こることはよくある。二人が同じ話題で盛り上がり、一緒に笑う。このとき二つの身体は一つのリズムを共有している。一緒に笑いあうことで、身体が響き合っていることをはっきりと感じ取ることができ、「コミュニケーションがしっかりできている」と実感することができる。

もしもあるタイミングで自分一人が爆笑し、相手が冷えていたとしよう。これでは二つの身体は響き合っていない。こちらも笑い続けることは難しい。響き合うことで、笑いは大きく増幅していく。お互いのレスポンス(反応・応答)が身体の内側のエネルギーを引き出し合うのだ。

話していて一番疲れるのは、身体が冷えている人だ。表情が変わらず、身体全体から冷たくかたい雰囲気を出している。一応言葉のやりとりはしているのだが、「気」が通い合っている感じがしない。キャッチボールでいえば、自分の投げたボールが返ってこない。もしくは、自分の投げたボールが届いた音さえ聞こえない。夜の湖に石を投げて、音が返ってこない。そんな不気味さを会話の最中に感じることがある。これが響かない身体だ。

私たちは言葉でのやりとりをコミュニケーションの中心だと考えがちだ。しかし、言葉を使いはじめる以前までの膨大な時間、人類は存在してきた。その間にもコミュニケーションは当然成り立っていたはずだ。集団で暮らしている状態でコミュニケーションがないということは、考えられない。動物園の猿山を見ていると、それがよくわかる。

猿山にはコミュニケーションがあふれている。あちらこちらで、もみ合いが起こっている。誰かがトラブルを引き起こし、また別の猿が加わって事態をややこしくさせる。感情をむき出しにして相手に伝え合う。自分の思いをそれぞれが通そうとする。思いがぶつかり合い、身体がもみ合うことで、現実が推移していく。ここには人間の使うような言語はないが、コミュニケーションはふんだんにある。猿山の別の所では、母猿が子猿のノミをとってやっている。子猿は気持ちよさそうにうっとりとしている。言葉を使わなくても、気持ちは交流している。母親の指先の動き一つひとつが、子猿の心を動かしている。猿山の中で、それぞれが居場所を見つけ、時折移動しては関わり合う。この距離感覚自体が、コミュニケーション力なのだ。

響く身体、レスポンスする身体。この観点から猿山を見ていると、猿の中には冷えた響かない身体は見つけられない。一人で部屋に閉じこもってテレビを見たり、パソコンをいじったりする空間がないこともその一因だろう。推測だが、一人でこもることのできるきわめて快適な環境を与えたとすれば、そこに引きこもり続けた猿は仲間と響き合う身体を徐々に失っていくだろう。使う必要のない筋肉や能力は衰えていく。使わなければ、力は落ちていく。

言語的コミュニケーションは、身体的コミュニケーションを基盤にしている。動物行動学の研究は、動物たちが身体的コミュニケーション能力にあふれていることを教えてくれる。人間は言語という精緻な記号体系を構築した。それによって高度な情報交換が可能になった。しかし、その一方で、身体的コミュニケーションの力が衰退する条件ができてしまった。

長崎県佐世保市での小学六年生女子による同級生殺害事件(二〇〇四年六月)は、身体次元のコミュニケーション能力の衰退を象徴するような事件であった。加害者の児童は、インターネットでホームページを開いていた。言語情報を駆使できる能力は一応持ち合わせていた。小説らしきものも書いていた。しかし、対面状況において、悲劇的な状況を自ら避けるだけの身体的なコミュニケーション能力は持ち得ていなかった。言葉を操ることで自尊心が肥大化していく。その自尊心を言葉によって傷つけられたことから、いきなり刃物による報復へ飛んでしまう。ここには身体と身体をすりあわせ、もみ合わせる段階が欠けている。

「あっかんべー」と言って、指で眼の下の皮膚を下げ、舌を出す仕草がかつてはあった。これなどは、いま思えばかわいい報復処置だ。口を広げ歯を出して「イーッだ」と言う動作もあった。昭和時代の子どもたちが自然にやっていた、こうした身体表現は、急激に衰退した。かつてよりも一人ひとりの身体が離れてきている。ナイフにいく前に、つねったり、ひっかいたりし合うプロセスがあるのが自然だ。

ナイフは非身体的だ。身体が持つ柔らかさがまったく欠けている。手のひらで相手を叩けば、手のひらも痛くなる。しかし、ナイフで刺してもチクリとも自分の方は痛くない。ナイフには、相互性が欠けているのだ。触れることを拒否する道具が刃物だ。触れると同時に触れられる、この相互性が、身体コミュニケーションの大本《おおもと》にある。身体と身体が触れ合うコミュニケーションが欠如した関係を、あの事件は象徴していた。

基本原則その1　目を見る

コミュニケーションを円滑にするための、身体に関する基本原則を四つ立ててみた。目を見る、微笑《ほほえ》む、頷《うなず》く、そして相槌を打つ。話をするときに、この四つを確実にこなすと、かなり会話の雰囲気は温かくなる。

目を見るというのは、一見簡単そうだが、意識的に練習しないと意外に難しいものだ。日本では、あまりじっと相手の目を見ることは好ましくないという感覚も残っている。目を見つめていると照れてしまうということもある。気持ちが伝わりすぎるようで恥ずかしいのだ。しかし、目を見なければ、目と目が合うということはなくなる。目と目が合ったときに、人と人との間に「線」がつながると私は考えている。イメージとしては、目を合わせることで相手と自分との間に「線」をつくっておき、その上に言葉をのせていく。すると、言葉がずいぶん相手に届きやすい。

バスケットやサッカーのようなチームスポーツでは、アイコンタクトの重要性がはっきりしている。ハンス・オフト氏がサッカーの日本代表の監督を務めていた頃に、「アイコンタクト」という言葉が世の中でも流行した。パスを渡すとき、受けるときに、前もって目を合わせて合意を形成しておくということだ。アイコンタクトができていない状態でパスを送ってしまうと、受け手が戸惑う。サッカーであれば、一〇メートル以上も離れた相手とアイコンタクトをとることになる。いわば視線の強さが重要な武器になる。目と目を合わせ互いに心の中で「よしっ」と確認し合ってから、パスを送る。すると受け手も構えができているので、スムーズにプレーが流れる。

このサッカーのケースは、数人で行うディスカッションのときや、多人数を相手に話をするときに応用できる。複数の人間に的確に目を合わせながら話をし続ける。これは、考えるほど簡単なことではない。「アイコンタクトをしながら対話するように」と私が授業で学生に指示をしても、それだけではうまくできない。というのも、普段から目で意識の線をつなぐという習慣がないからだ。たとえば、大教室で五人一組になってもらうとする。ひどい場合には、一列に五人が並んだままディスカッションを始めてしまうグループがある。これではアイコンタクトなどそもそも難しい。だが、五人が五角形になり、すべての対角線がアイコンタクトによって結ばれるようにすることができれば、五人の会話の密度は格段に高まる。

目を見るということは、相手の存在を認めているというサインなのだ。五人で議論をする場合、残りの四人の目を均等に見ることのできる人はまれだ。十分間ディスカッションをしている最中に、結局、一度も目を合わせなかった人間が一人残ったということもよくある。自分のことを一度も見てくれなかった人の言葉を心の底から本気で支持することは難しい。自分の存在を認めてくれない人の言葉は、心の奥には入ってこないものだ。

アイコンタクトを意識的に練習するトレーニングメニューとして、私はアイコンタクトゲームを考案した。五人なら五角形、八人なら八角形になり、まずは全員が立ったところからスタートする。一分間のスピーチをする間に、聞き手と一人ひとり目を合わせていく。しっかりと目が合ったと思った人から座っていく。全員を座らせることができれば合格だ。目を合わせることに意識がいきすぎると、話の内容がおろそかになる。相手が三、四人程度ならばそれほど無理なくできそうなものだが、ついに隣の人の目を見ることなく一分を終えてしまう人もいる。一度も目を合わせてもらえなかった人は、立ちっぱなしということになる。通常は、人を立たせておくのは申し訳ないという気遣いが働くので、アイコンタクトに積極的になる。聞き手が十人を超えたあたりから、かなり高度になってくる。距離の遠い相手とアイコンタクトを交わすときには、目からレーザービームでも出ている感覚でやることになるのだ。慣れてくると、一、二秒で一人こなすことができるようになる。

コツは、何となく見るのではなく、はっきりとピンポイントで焦点を当てて見るということだ。時計にたとえていえば、秒針がなだらかに進む時計ではなく、針が一秒ごとにきっちりと目盛りにピッピッと合っていくスタイルだ。一人ひとりに確実に目を合わせていく。すると、見る方も見られる方も意識がはっきりとしてくる。

多人数に向かって話すときにも、場全体に何となく意識を向けるのではなく、一人ひとりときっちり目を合わせるくらいの気持ちで話すと、場をつかむ感覚が生まれる。大人数を前に話すと明らかに「目が泳いでいる」状態になる人が多い。宙に向かってうつろに目を泳がせている人の言葉は、内容如何に関わらず聞き手には届かない。聞いている側も不安になってくる。

アイコンタクトで線を作り、対角線を増やしていくことで、場の空気はあったまってくる。目は身体に開いた他者との通路のようなものだ。目をお互いに見ていると、心が吸い込まれる感じがする。目は、それほど特別な器官なのである。目を合わせる時間は二、三秒でも十分だ。見つめすぎれば、くどくなる。まず意識のラインを作っておき、その上に言葉をのせていく、ということである。

基本原則その2　微笑む

軽く微笑むことは相手を受け入れているというサインだ。からだ全体がほぐれて内側から微笑みが生まれていれば、相手に対してからだを開いているということが相手にも伝わる。自分が受け入れられているかどうかを、人は普通、気にしながら話しているものだ。相手がまったく微笑まないと、「この人は自分の話がつまらないんじゃないだろうか」とか「この人は私を嫌いなのではないか」といった不安に陥りやすい。受け入れられていると分かれば、話はいよいよしやすくなり盛り上がる。逆に、拒絶されているのではないかという不安の中で話すうちに話の内容もつまらなくなってくる、ということはごく自然な悪循環だ。

問題なのは、こちらに拒絶や嫌悪の気持ちがない場合でも、微笑みがないために相手にそうした不安を抱かせてしまうというケースである。自分としては自然な感じで聞いているつもりでも、相手には不機嫌そうに映っていることがある。自分の話に微笑んでくれる人と仏頂面をしている人の二人がいれば、微笑んでくれる人と、より長く話をしたくなる。微笑むことは、コミュニケーションを上手にするための基本的な技なのである。

私の経験では、総じて女性よりも男性、とりわけ中年以降の男性に、「微笑み欠乏症」が多く見られる。中高年の男性五百人相手の講演会と、女性五百人の講演会という対照的なケースで話をすることがよくある。そうしたときに中高年の男性が笑いにくくなっていることをはっきりと感じる。話の内容を頭では理解しているはずなのだが、笑いがないために反応が乏しく感じられる。そのために、話す側である私も話しづらくなってくる。反応が鈍い相手に調子よく話し続けるのは難しいものなのだ。講演会といえども、気持ちのキャッチボールが必要だ。受け取ってもらえているという実感があればこそ、次の球を投げる気にもなる。話の内容に、深く「微笑み量」が関与しているのである。

ここで言う微笑みは、ファーストフード店の店員が見せるマニュアル的な笑顔のことではない。始終にっこりし続けている必要は、通常の会話にはない。相手の話がつまらぬ時、共感を呼ばぬ時に、無理につくり笑いなどする必要は基本的にはない。話のポイント、ポイントで、ふっと微笑みが出るのが自然だ。この自然な微笑みが出るためには、身体全体がゆるんでリラックスしている必要がある。からだがこわばっているのに、顔だけ笑顔にしようとしても無理があるのは当然だ。水に石を投げ入れる。すると波紋が広がる。この波紋の広がりのように、相手の話に微笑みで反応する。その静かな波紋の柔らかさは、リラックスして開かれたからだから生まれるのだ。

もっと大きな波紋として、笑いがある。からだが弾けるように笑うことで、場が盛り上がる。相手の話のツボを上手く捉えて笑うことができれば、相手は満足する。話を楽しんでくれているということが分かるからだ。笑いは緊張がほぐれたときに生まれやすい。笑うことで、からだがいっそうリラックスする。友達同士はリラックスし合っているので、笑いが起きやすい。初対面の人や目上の人と話すときに、気まずくならずに上手に笑うことができればコミュニケーション上手だと言える。

「微笑み欠乏症」をどうしたらいいのか。私はその対処法として、からだを揺さぶることを提唱している。とりわけ大切なのは、肩胛骨のあたりだ。肩胛骨のまわりや鳩尾《みぞおち》が固いと、笑いにくい。簡単なやり方としては、まず立って、膝の屈伸を利用して上下に揺さぶる。理科室の骸骨を上下に揺すったように骨がカチャカチャと動く感じがいい。

あるいは、からだの中身を液体化するイメージだ。

私は野口三千《みち》三《ぞう》氏の野口体操に通っていたことがある。そこでは、身体を緩め、からだの中の伝わりや響きをよくする。立って上体を前に倒し、ブラブラさせる。首も手も、ゆらゆらするに任せる。からだが革袋であり、それに水が詰まっていてその中に骨が浮かんでいる、といったイメージだ。考えてみれば、からだのほとんどは水分なのだから、揺れるのは不思議ではない。むしろ固まっている状態は、身体としては不自然なのだ。動物たちのからだは触ってみると柔らかい。人間も赤ちゃんの時は、みな柔らかい。柔らかいからだで微笑む。すると、それを見た人が赤ちゃんを好きになる。だが、ストレス(緊張)がたまってくると、からだ全体がこわばり、波が伝わりにくくなる。笑いは身体全体を伝わる波であり、響きの悪い身体の状態では、笑いの波は起きにくい。

講演会でも私は全員に立ってもらい、「一分間揺さぶり体操」をやってもらう。やってみると、一分は意外に長い時間だ。一分後には、からだがずいぶんとほぐれている。この体操を行った後は、眠る人はいなくなる。そして笑いが格段に増える。活性化し、なおかつリラックスしている。そんな身体の状態を、揺さぶり体操によって簡単につくることができる。精神や心からアプローチするだけでなく、身体そのものに働きかけることで心の状態を変えることができるのである。

からだがこわばっていると呼吸も浅くなり、つまりがちになる。からだを軽く揺さぶってほどけさせると、息も楽になる。笑いは「息のほどけ」であり、ほどけたからだがコミュニケーションの基本だ。微笑みや笑いは、からだのほどけ具合の指標なのである。

基本原則その3　頷く

「うなずく」というのは、もともとは「うなじをつく」ということなので、「うなづく」と表記するのが本来適当な言葉だ。私たちは、その頷《うなず》きを自然にやるものだと思っている。たしかに頷きは自然な運動なのだが、実は頷き現象には重大な変化が最近起きている、と私は感じている。

私は全国で講演会を行っている。その際、勝手に「全国頷《うなず》き率調査」を実施している。実施といっても、聴衆の何割が頷いているかを私が見るだけなのだが、地方によって頷き率が変わる。総じて地方都市の方が、頷き率は東京よりも高い。東北地方から北陸にかけての頷き率は相当高い。頷く速度は割とゆっくりである。地方に行き、よく頷いてくれる聴衆に出会うと、ほっとする。そして、昔の日本人に会った気がする。そういえば、ラジオを聞きながら、あるいはテレビを見ながら頷いている人の姿が私の記憶にはある。自分が頷くことで相手が変わることはない状況でも、頷いてしまう。それほど、頷きはかつての日本人にとってはごく自然な、身についた技であったのである。

都市部では、大量の人間に出会う。電車の中でいちいち頷いてはいられない。幼い頃からテレビなど一方通行の情報の流れに慣れてしまっているため、人の話を聞くときに頷く習慣がない。若い人は、友達同士の会話でも頷く回数が減ってきている。教師が話しているときに頷く学生もまれだ。もちろん、教師が言うことにいちいち頷くのはおかしいと感じるのは、現代の感覚としては自然であろう。しかし、教師が話す言葉に一つひとつ頷いて聞く日本人が、かつては高い割合で存在していた。テレビが登場する以前の世代の頷き率は、それ以降に比べて格段に高い、と私は経験から感じている。

頷きは、相手の意見に同意・同調する傾向を示しはするが、その関係は絶対的なものではない。相手の意見に同意していない場合でも、頷きは十分に可能である。頷きながら聞いておいて、そのあとに違う意見を述べることもできる。むしろその方が、相手に受け入れられやすい。つまり、頷きは「あなたの話をしっかり聞いていますよ」というサインなのである。内容に同意しているというよりも、感情的にあなたを受け入れています、という意味合いの方が大きい。相手の人格に対して肯定的な構えになっていることを、頷きは相手に教えるのだ。このいわばサブ・メッセージの効果は大きい。自分を感情的に受け入れてくれている相手の言うことは、たとえ自分に対する反論であったとしても耳を傾ける気になるものだからである。

頷きには、相手の言葉を自分で咀嚼し、消化しているというイメージもある。ゆっくりと嚙み砕き、飲み込む動きに似ている。話のポイントで一回だけコクンと頷くのは合理的だ。何度も繰り返し頷く必要は必ずしもない。しかし現実的には何度か連続して頷いてもらう方が、より誠実さを感じる。あまりに機械的になればわざとらしいが、話のポイントを外さず、強弱をつけて頷くことができれば、コミュニケーション力の強力な技になる。

日本では頷きを頻繁にする人を「年寄り臭い」と思うことが多い。しかし、海外へ旅行すればわかるが、からだ全体で相手の意見を受け止めようとするのは決して年寄り臭いことではない。若者も頷きどころかもっとオーバーなアクションでレスポンス(応答)してくる。日本で頷きが年寄り臭く見えるのは、若者の身体が、響きにくい身体になってきているからだ。

頷き率で身体の冷え加減がかなりの程度わかる。他人に対する関心の低い、いわゆる「自己チュウ」な人間は、頷き率が低い。自分の話ばかりしたがるタイプは、しっかり相手の話に頷く習慣を持っていないのだ。相手の話の腰を折って割り込んでくる話し方が癖になっている人間には、頷きの意識的な反復練習が意味を持つ。

頷きは、社会人における会話の作法の一つだ。社会人同士が仕事上の関係で話をしているときには、互いに頷きを頻繁にしあう。大学生と比較すると、社会人の「頷き量」は格段に多い。

頷きが技として身についていない人は、どうすればいいのか。これにはいくつか工夫するポイントがある。例えば、息の切れ目で頷くというやり方が考えられる。やりやすいのは、自分の呼吸に合わせて頷くやり方である。息を吐きながら頭を縦に沈めていく。

空気の入っている風船人形のようなものが、空気が抜けるとしぼんで倒れていくような感じだ。吸うときに、また顔が立ち上がってくる。呼吸は一定の間合いで必ず行うものなので、頷きを必ず行うようになる。頷きは本来、相手の話の意味内容に納得して行うものだ。意味のひとまとまりを理解し納得したら、その時点でコクンと頷くのが本来のやり方かもしれない。しかし、頷きの習慣が全くない場合には、まず頷くという身体の運動をからだに慣れさせる必要がある。

呼吸を用いたもう一つの頷き練習法は、相手の呼吸の切れ目に合わせて頷くというやり方だ。話は息で行われる。相手の話す文章の切れ目は、呼吸の切れ目でもある。ひとしきり相手が語り、息を吐ききったところで頷くようにする。お互いに一つ休止符を打つ感じだ。この練習法の利点は、相手の呼吸の間《ま》に敏感になるということだ。普段はあまり意識しない相手の息のリズムを繊細に感じ取るようになる。実は、この息を感じ、間合いをつかむ技は、コミュニケーションのいわば奥義なのである。

基本原則その4　相槌を打つ

相槌もまた、近年急速に衰えてきたコミュニケーションの技だ。典型的な相槌には、たとえば「そうそう」「ああ、なるほど」「ほー」「そうなんですか」「そういえばそうですね」などがある。相手の話に同意する意思を表す言葉だ。しかし、本当にすべてに対して同意している必要は必ずしもない。話の流れを良くする潤滑油のような役割を相槌は果たしているのだ。相槌を打つことで相手が話しやすくなる。そしてすべてを吐き出してもらったところで、本格的な同意をするかどうかは決めればいいわけだ。話のテンポや流れをよくすることが、相槌を打つ主たるねらいだ。

相槌は頷《うなず》きとセットにするのが自然だ。「トリビアの泉」というテレビ番組では、「へえ〜」という言葉を評価の単位にしている。人が何かおもしろそうな話をした後には、「ほー」とか「へえ〜」と相槌を打って応答するのが礼儀というものだ。無反応ではしらけてしまう。相槌を打ち、こまめに相手に応答することで、緊密な糸が相手と自分との間に織りあわされていく。

相槌の槌は、「槌」や「鎚」と書く。鍛冶で、師匠と弟子が向かい合って交互に鎚を打ち下ろすことを相鎚（または向かい鎚）と言う。タイミングがずれれば危険なことになるから、間合いを外さずに、相手と呼吸を合わせて鎚を交互に打っていく。これが本来の「相鎚」のあり方だ。相手の呼吸をはかり、リズムを壊さないよう、むしろ勢いが増すようにあいの手を入れる。

「あいの手を入れる」という言葉も、会話の最中にひとこと差し挟み、調子を良くすることを意味として持っている。「あい」は、漢字では「間・合・相」などと書く。この三つの漢字はまさに、会話のポイントを言い表している。相手の間に合わせる、というわけだ。

日常的なあいの手には、「よっ」「はっ」「ヨイショ」「ほいきた」「アッ、どうした」「あらよ」などがある。ちょうど餅つきで杵で餅をつく合間に、餅に水をつけてひっくり返す作業に似ている。二人のからだが一つの大きなからだのように、無駄なく無理なく連動する。このからだとからだのコミュニケーションの一つの表れが、あいの手なのである。言葉と言葉のやりとりの基礎には、このようにからだとからだのコミュニケーションがある。からだの次元のやりとりが自然に行われなくなってきていることが、あいの手や相槌の減少にあらわれているのだといえよう。

相槌がコミュニケーションにとって重要な役割を果たしていることは、「あっ、そう」という言葉によって逆にわかる。一生懸命話しているのに「あっ、そう」とあっさり言われると傷ついてしまい、そこから先の話をする気が失せてしまうものだ。相槌がお互いの会話をより盛り上げて熱くさせていくものだとすれば、「あっ、そう」は逆に冷や水を浴びせかけるような言葉なのだ。

最近、若い人の反応に多く見られるのは、「ああ」という間の抜けた応答である。友達同士ならば不自然ではない応答なのだが、目上の人に対しても変わりなくやってしまう人が少なくない。「ああ」と言っていることに自分でも気がついていないことも多いようだ。短い応答の仕方一つとっても、相手と自分との距離をわきまえているのか否かがあらわれてくる。お互いの関係をどう捉えているのか、どう発展させて盛り上げていきたいのかといったことが、一言一言の短い応答の中に含まれ、相手に伝わっているのだ。自分は今この応答で会話に追い風を吹かせているのか、向かい風を吹かせているのか、方向性を変える別角度の風を吹かせているのか、といったことをイメージして話すと、応答の技術は向上していく。

『浮世風呂』の身体コミュニケーション

コミュニケーションの基礎は、温まった動ける身体である。かつて日本人は、からだとからだが触れ合うことをいとわなかった。「同じ釜の飯を食った仲間」という言葉がある。寝食を共にし、肌を触れ合わせて生活することが苦ではない身体性があった。式亭三馬の『浮世風呂』の一節を読むと、銭湯で裸のつき合いをしていた人たちの姿がよくわかる。お互いに湯がかかり合うほどの近さで、身分・職種の違う者たちが関わり合う。そこに自然にマナーが生まれる。裸になることでむしろ礼儀正しくなり、人と人との気持ちが体ごと通い合う。

熟《つらつら》監《かんがみ》るに、銭湯《せんとう》ほど捷径《ちかみち》の教諭《おしえ》なるはなし。其故如何《そのゆえいかん》となれば、賢愚《けんぐ》邪正《じやしよう》貧《ひん》福貴《ふくき》賤《せん》、湯《ゆ》を浴《あび》んとて裸形《はだか》になるは、天地自然《てんちしぜん》の道理《どうり》、釈迦《しやか》も孔子《こうし》も於三《おさん》も権助《ごんすけ》も、産《うま》れたまゝの容《すがた》にて、惜《おし》い欲《ほし》いも西《にし》の海《うみ》、さらりと無欲《むよく》の形《かたち》なり。欲垢《よくあか》と梵悩《ぼんのう》と洗清《あらいきよ》めて浄湯《おかゆ》を浴《あび》れば、旦那《だんな》さまも折助《おりすけ》も、孰《どれ》が孰《どれ》やら一般裸体《おなじはだかみ》。是乃《これすなわ》ち生《うま》れた時《とき》の産湯《うぶゆ》から死《しん》だ時《とき》の葬灌《ゆかん》にて、暮《ゆうべ》に紅顔《こうがん》の酔客《なまえい》も、朝湯《あさゆ》に醒的《しらふ》となるが如《ごと》く、生死《しょうじ》一重《ひとえ》が嗚呼《ああ》まゝならぬ哉《かな》。されば仏嫌《ほとけぎらい》の老人《としより》も風呂《ふろ》へ入《い》れば吾《われ》しらず念仏《ねんぶつ》をまうし、色好《いろごのみ》の壮夫《わかいもの》も裸《はだか》になれば前《まえ》をおさえて己《おのれ》から耻《はじ》を知《し》り、猛《たけ》き武士《もののふ》の頸《あたま》から湯《ゆ》をかけられても、人込《ひとごみ》じやと堪忍《かんにん》をまもり、目《め》に見えぬ鬼神《おにかみ》を隻腕《かたうで》に雕《えり》たる侠客《ちゅうつはら》も、御免《ごめん》なさいと石榴口《ざくろぐち》に屈《かが》むは銭湯《せんとう》の徳《とく》ならずや。心《こころ》ある人に私《わたくし》あれども、心なき湯に私《わたくし》なし。譬《たと》へば、人密《ひとひそか》に湯《ゆ》の中《なか》にて撒屁《おなら》をすれば、湯《ゆ》はぶく〳〵と鳴《なり》て、忽《たちま》ち泡《あわ》を浮《うか》み出《いだ》す。

（『日本古典文学大系 63』岩波書店）

銭湯のいいところは、お互いに湯でからだが温まり、リラックスしているというところだ。からだが緩み、心も緩んでいる。赤の他人同士が裸で狭い場所で一緒にいる。そこで人と人とのつき合い方の基本が学ばれる。コミュニケーション力のトレーニングの場所として銭湯は最適であった。水をはね飛ばしたり、からだを洗わずにいきなり湯船に入ったり、勝手に風呂の温度をぬるくしたり、といったことが他人から注意される。公共の場での振る舞い方を、風呂に入るという日常的な行為の中で学ぶ仕組みになっていた。

日本人は銭湯好きであった。からだを清潔にしておきたいという気持ちや、お風呂に入ってゆっくりしたいという気持ちも当然そこにはあったろうが、人と人が裸で関わり合う銭湯という場の温かな雰囲気が好きだ、という気持ちも強くあったはずだ。祭りの時には、裸同然で肌を赤の他人とぶつけ合うのが、気持ち悪いどころか楽しい。そこに熱気が生まれる。

太平洋戦争後、高度経済成長とともに、各家庭には一つずつ家の風呂がつくようになった。一人ひとりが別々に風呂に入るようになり、個室で眠る子どもも少なくなくなった。他者と関わり合うことを「煩わしさ」とだけ受け取る子どもが増えてきた。人と関わらなくて済むのならできるだけ関わりたくはない、という引きこもり指向は強まった。泊まりがけの合宿などにおいても、一人部屋でなければ眠れないといった苦情もよく聞かれるようになった。寝食を共にすることは苦痛、と捉えられる傾向が強まったのである。

からだとからだが触れ合うことを楽しいと感じるか、苦痛と感じるか。この大きな分かれ目が相手にもわかってしまう。言葉でなんと言って取り繕おうとも、からだが相手と関わることを拒否しているのならば、二人の間の空気は暖まらない。大勢の人間の中でもまれてからだごとコミュニケーションする練習を意識的に積む必要が、近年増してきている。近年、コミュニケーション力の全体が衰えてきているというわけではない。著しく衰退しているのは、身体次元のコミュニケーションなのである。

車座——自我の溶かし込み

車座という座り方は、コミュニケーション力を考える上でおもしろい。胡座《あぐら》をかいて大勢の人間が円形になって座る。甲子園の高校野球でここぞというときにベンチ前で、どっかと座り込んで円陣を組む、あの風景が車座だ。土の上にしっかり腰を下ろすことで落ち着きが生まれる。効果はそれだけではない。全員の気持ちが一つになりやすい。イメージとしては、円形になった真ん中の空間に全員の自我が溶け出す感じだ。自我というのは、自意識やプライドと言い換えてもいい。個人の持つ不安感もその一部だ。そうした一人ひとりが持っているプラス・マイナス両面の個人的感情を、一度、全体の場の中に溶かし込む。

円形になれば、お互いの対角線も最大限多く結ばれる。円の中心は空虚なはずなのだが、全員の自我や自意識が溶かし込まれ、そこに気合いが込められることによって、エネルギーの中心となる。

椅子に座って円形になるのと、地面や床に直接腰を下ろして車座を組むのとでは、全体としての一体感が違ってくる。椅子に座っている間は、やはり個人としての意識が強い。椅子と椅子は個と個を分ける道具になっている。自我を溶け合わせるためには、お互いの下半身が大地と結びつき溶け合わされている必要があるのだ。

身体が無視された場のあり方の典型は、非生産的なポジショニング(座席配置)の会議だ。真ん中にあまりにも大きな空間が設けられ、向かい合う人と人の距離が大きすぎる。心理的な共感を得にくいほど遠い。しかも横に五人以上、多いときには十人も横並びに直線で座る。これでは意思が相互に通い合うことは難しい。このような場では、会議は形式的になりやすく、冷静というよりは単に冷めた非生産的な空間になりがちだ。

ポジショニングは、コミュニケーションの質を決定する大きな要因だ。どこでもポジショニングを自在に組み替えるセンスが、コミュニケーション力の重要な一部を占める。

私は会議室や教室などで、まず机や椅子を移動する。全員ができるだけクリエイティブな関係を結びやすいような配置に組み替えるのである。私の経験では、場の組み替えを積極的に行う人は非常にまれである。たまたま与えられた机と椅子の位置で済まそうとする。それを組み替えることがあたかも誰かに対して失礼に当たるとでもいうかのように、空間を組み替えることに消極的だ。

だが、ポジショニングのセンスがなくては、クリエイティブなコミュニケーションの関係はつくりあげにくい。エネルギーの流れをはっきりと感じ取る感覚があるならば、必ずや空間を組み替えてしまいたくなるものなのだ。与えられた空間で別に違和感も感じず、そのまま過ごせてしまうのだとすれば、その人にはコミュニケーション力が欠けているといっても過言ではない。ポジショニングのセンスはコミュニケーション力の中心を成すものである。

私たちは喫茶店やレストランに入ったとき、瞬時に席を探す。自分たちが何人であるのか、どういう関係であるのかといったさまざまなことを考慮し、店の状況も瞬時に見極めてベストな席を探す。会議室や授業では、不思議とそのような、いわば狩猟民族的な感覚は起きにくい。貪欲に席を探すというよりは、与えられた席に安住するといった感じだ。

カップルで喫茶店に入った場合、カウンターに並んで座ることはまず考えにくい。しかし、これが洒落たバーのような場所ならば、カップルが並んでお酒を飲むのはむしろ自然だ。仕事の話を喫茶店でするのに、カウンターで座ることもまずない。通常は向き合って話す。しかし一番効率がいいのはコーナーに座り、斜めのポジショニングで話すやり方だ。テーブルの上に資料を置くと、ちょうど二人で見やすくなる。完全に向き合ってしまうと、資料が同時には見にくい。私は、このテキストを中心とした直角二等辺三角形を作るポジショニングを好んでいる。相手にも軽く視線を合わせることができるし、向かい合うほどの緊張感はなくバランスが取れている。テキストを共有する感覚を持つこともできやすい。人数が多い場合には、この直角二等辺三角形の関係を組み合わせる考え方で配置を決めていく。お互いに無理なくテキストに向くことができ、互いの視線も交わし合うことができる、そんな空間配置をつくる。「場の影響力」を熟知している者が、コミュニケーションを制するのだ。

外国語学習と身体

言語にはそれぞれ、その言語に合った身体モードというものがある。私はそう考えている。物まねをするときに、それがよくわかる。本当は中国語やフランス語を話せはしないのに、言語の特徴を上手くつかんでまねることのできる人がいる。タモリがかつて四カ国語麻雀という芸をやっていた。各言語の特徴をつかんだ見事なやりとりをひとりで演じていた。その際はっきりしていたのは、言語によって身体のモードをチェンジしているということだった。

日本語と英語を比較したときに、日本語の方が抑揚が少なく、英語を話す身体は日本人にとってはオーバーアクション気味に感じられる。英語を母国語にしている人が日本語を話すとき、抑揚を少なく平板にするほど「日本語が上手ですね」と言われるそうだ。日本人が英語を話す場合は逆になる。つまり、「日本語の身体」と「英語の身体」とでも言うべき違いがあるのだ。個人の話し方の違いももちろんある。しかし、言語自体が要求する身体のモードの違いというものが、より根底的にはあるにちがいない。

現在、日本の英語の授業では、生徒たちが椅子に座っている風景が普通だ。しかし、英語の身体は、椅子に座った日本人の身体とはかけ離れている。したがって私は、まずは生徒たちに立ってもらい、軽くジャンプするところから英語の学習を始めている。小学生たちにマザーグースやシェイクスピアの一節を朗読させるときも、軽くジャンプさせ、からだをほぐしてもらう。そして朗読の際、アクセントを付けるべきところでからだを上下に揺らし、リズムを付けて朗読してもらう。これだけで、相当抑揚のある「英語的身体」ができあがるのだ。

言語学習にとっては、他の学習と同じく、「なぞり方式」が一番有効だと私は考えている。抑揚の大きな役者のような話し方を英語を母国語とする人に吹き込んでもらい、それを復唱する。日本人の身体の内側に英語の抑揚があるわけではない。自分にとって「非自然」なリズムを自分のものにするには、復唱し、相手の身体をなぞるところから始めるのが一番の近道だ。そしてそれを反復し、技にする。これが学習の王道である。

つまり、外国語学習には身体のモードチェンジが不可欠だということだ。そのために、からだをまず動かし、揺さぶる。イメージとしては、一度日本語の身体を揺さぶり、ふるい落とす。そしてニュートラルになった状態で、他の言語のモードを受け入れる。そうした意図で作ったテキストが『からだを揺さぶる英語入門』(角川書店)であった。からだ、特に肩胛骨の周りを揺さぶり緩める。これだけで相当息が深くなり、抑揚のつきやすい身体になる。

ウォーキングの効用

身体のモードチェンジを促す工夫としては、ウォーキングも有効である。歩くことで、身体の雰囲気が変えやすくなる。実際、英語を朗読するときに、歩きながら読むと、普段の平板な日本語の身体から離れやすくなる。歩くリズムが自然にアクセントを付けてくれるのだ。英語を読む場合だけでなく、日本語や漢文の場合でも、歩くことで朗読にリズムがつきやすくなる。

英語を朗読するときに歩くことが有効だという発想を、私は二つの方向から得た。一つは、英語を母国語にする教師は、日本人よりも教室内を歩き回りながら朗読することが多いという観察からだ。テキストを片手に持ち背筋を伸ばし、大きなよく響く声で教室の空気を震わせる。それを生徒たちが感知し、復唱していく。教師の歩くリズムが自然に英語の朗読に溶かし込まれていた。身体の弾みが言葉の弾みになっていたのである。

ウォーキング・イングリッシュの発想のもう一つのヒントは、芝居の役者の練習風景からであった。セリフを自分のものにするために、台本を持って歩き回りながら声に出す。このやり方の効用は、自分ひとりの世界を作りやすいということにもある。他の人も朗読をしていると、集中がしにくい。そこで移動しながら自分のリズムをつくっていく。動いているので他の人の存在も比較的気になりにくい。自分のワールドをつくりやすくなる。

肝心なことは、歩くリズムが抑揚を付けること、そして歩くことで「恥ずかしい」という意識を捨てやすくなるということだ。恥ずかしがるということこそ、オープンな身体コミュニケーションの最大の敵だ。恥ずかしがっていては英語らしく朗読することはできない。空間を自分のペースで歩き回り、自分だけの世界をつくる。他人から見られているという意識を一度捨て去る。役者は人格をいわば入れ替える。モードチェンジをするためには、今までの自分を引きずって恥ずかしがっているようでは難しいのだ。からだを揺さぶり、歩き回って、自分を少しずつ振り落としていく。この練習は、英語を話す身体にとってだけではなく、日本語でコミュニケーションする場合にも役に立つ。

私は英語の教師ではないが、自分の授業には小学生にせよ大学生にせよ英語を取り入れている。その目的は、コミュニケーションできるオープンな身体を、英語を道具にして養うところにある。英語を一つのコミュニケーション力トレーニングメソッドとして捉えているということだ。したがって、場合によってはイタリア語でも同様の目的は果たせる。イタリア人の話す身体のモードは、非常にオープンで、日本人のコミュニケーション力を養うのには有効だからだ。しかし現実的には皆がなじんでいる英語をテキストに用いることが、英語学習への高い需要から考えても妥当だ。つまり、英語を話せるようになりたいという欲求を利用して、コミュニケーション力向上のトレーニングにずらすということである。

まずは英会話よりも、朗読という形がやりやすい。自分の頭の中で英語を組み立てることができないレベルでも、書かれている英語をドラマティカリーに読み上げることならばできやすい。呼吸を深くし、波が上下するように朗読すると、いくつもの殻を破る感じがする。普段ずいぶんと遠慮しながら話しているのだなあ、と改めて感じるものだ。日本語でのコミュニケーションならば、こうした殻があっても何とか通じ合える。しかし、そのときには、からだの次元でのコミュニケーションは比較的少ない。イングリッシュ・ボディを身につけることで、日本語のコミュニケーションをしているときでも、どこか、からだとからだが響き合っているという感じが出やすくなるのだ。

ハイタッチとスタンディングオベーション

コミュニケーションは、まず身体から。そんな思いを強くしたのは、大学の授業における英語での発表と会話を行ったときであった。二百人ほどの学生のいる大教室で英語の会話をやってもらう。これはなかなか難しいことだ。まず男女組み合わせて四人一組のグループをつくってもらう。荷物をまとめて立ち上がり、全員移動して四人一組ができたところから座っていく。

四人のうちひとりが一分間、英語で自分の好きなもの(My Favorite Things)について発表をする。これはあらかじめ家で考えてきてもらってもいいが、三分ほど全員で考える時間をとってやるのもライブ感があり、勢いがついていい。下手な英語でも構わない。何がどういう理由で好きなのかがはっきりと伝われば、良しとする。自分の好きなものを言うことは、会話の基本である。

聞いている側は、発表の合間合間に“Really?”とか“Great!”といったあいの手を適当に挟み込むようにする。これも厳密な使い方でなくても構わない。さらに、聞きながら、一分間の発表の間に必ず質問を用意する。そして発表が終わったときに残りの三人が次々に質問をしていく。その質問に答える形で会話が進んでいく。発表時間は一分、会話時間を四分とし、それを四人時計回りに廻していく。すると、五分×四で二十分間、英語だけの空間ができあがる。

ただし、これを普通にシステムだけでやろうとしても、うまくはいかない。というのも、普通の大学生には英語を話す恥ずかしさが強く、まったく盛り上がらないからだ。場の空気をまず暖める必要がある。教室の空気の多くは、教師の身体が決めるのであり、教師自身がまずオープンでテンションの高い身体で話し、場を暖めていかねばならない。そして、少々失敗しても全く構わない、オープンにリラックスして自分の意思を相手に伝えようとすればそれで十分だ、と繰り返しメッセージを送る。しかし、それでもまだ十分にオープンな雰囲気は作れない。そこで私の行った工夫は次のようなものだ。

まず初めは、全員が立ち上がった状態で拍手をするところから始める。「用意、スタート」の声とともに拍手をし、全員がハイタッチを交わす。発表者と聞く者三人が時計回りにパンパンパンと両手を合わせていくのである。何でもないことのようだが、これが雰囲気作りに決定的な役割を果たした。ハイタッチ導入後は、会話が格段にオープンになった。

発表のはじめは、"Hi! My favorite thing is. . ."といきなり本題から始める。間違っても"My name is. . ."とは、やらないように指示する。名前から入ると、固く形式的になりやすい。好きなものについて、いきなりトップスピードで熱く語る。それが空気を暖め、人を惹きつけるのだ。英語だけではなく、日本語でのプレゼンテーションにおいても、いきなり本題からトップスピードで入るというのは非常に重要な技術だ。

発表者は一人ひとりとアイコンタクトをとり、目がしっかりと合ったと感じた者から座っていく。一分間の間は発表者は立ったまま話す。そして一分が終わり"Time up."

と教師が言ったときに、聞いていた全員が立ち上がり拍手をする。スタンディングオベーションだ。そしてまたハイタッチをする。そして全員が座り、質問から会話に入っていく。二百人が勝手に英語の会話をしている場の様子は、騒然として活気に満ちていた。

もちろん、このような英語だけでのプレゼンテーションや会話は当然プレッシャーが大きい。拒否反応を示す学生も多い。むしろほとんどが嫌がった。しかし、ハイタッチとスタンディングオベーションで雰囲気をいわば無理やりに作ったことで、場の空気が学生たちのからだをオープンにし、英語でのコミュニケーションをしやすくしたといえる。実際、十回連続でこのトレーニングを行ったところ、ほぼ全員が肯定的な評価をした。終わってみると、いかに自分の身体がいつも冷えたものであったかを痛感した、という感想が多かった。英語でのコミュニケーションは、ふだん冷えてしまっている身体を温めるトレーニングメニューになるのだ。

“Fantastic!” と拍手

コミュニケーションにおいては、「区切る」ことと「勢いをつける」ことの二つが、技として重要だ。ひとりの人間が長く話しすぎてダラダラとした場になってしまうのは避けたい。そのためには、上手に区切る技が必要になる。あるいは何かを一緒にやったときにきっちり区切りがつくと、気分良く次に行ける。

私が推奨しているのは、"Fantastic!"という感嘆語である。英国の演劇ワークショップに参加したときに、英国人の指導者が私たち生徒に対してこの言葉を多用していた。あらゆる演技に対してこの一語で済ませていた、という実感さえあった。それほどにこれは便利な言葉なのだ。上手いとか下手だという評価を厳密に下しているのではない。実際どう見ても上手くはない者にも"Fantastic!"と言っていた。

これは一種のねぎらいの言葉だ。何も声をかけてくれないのではつまらないし、不安にもなる。そこで、上手・下手とは関わりなく、勇気を持って表現をした者に対しては、"Fantastic!"という言葉を贈る。贈られた側はホッとする。「幻想的なまでに下手だ」というニュアンスかもしれない。しかしそんなことは気にはならない。その言葉で心の緊張が解きほぐされ、場がなごむ。気持ちの一つの区切りが生まれるのである。しかもその区切り方は、次の場面への推進力を含んだ終わり方だ。区切りをつけることと勢いをつけることが、この一語で同時に可能になる。

　この言葉をうまく使いこなせるようになると、場を活気づける一つの技を獲得したことになる。英語でのプレゼンテーションの後にも、この「ファンタスティック」という言葉を投げかけ合うと、場の空気があたたかく盛り上がる。スポーツで失敗したときに仲間同士で「ドンマイ(Don't mind)」と言い合う習慣も、これに似ている。パフォーマンスの出来・不出来にかかわらず、場を一度区切って、次の展開へ勢いをつけるような自分の得意の言葉を持つことは、コミュニケーションの技なのである。

　拍手も何気ない行動のようだが、コミュニケーションの重要な技だ。相手の話が一区切りしたところで、上手に軽く、あるいは派手に拍手をする。そのことで区切りがつく。これも「ファンタスティック」という言葉と同様、相手の出来がいいことを褒めるというのとは少し違う。ニュアンスとして相手を評価する意味合いが含まれることはたしかであるが、お互いをねぎらう意味合いが強い。自分たちが共に過ごした時間を祝福し、区切りをつけるということだ。

　日本人は拍手を、相手を褒める行為だと思っている人が多い。たとえば二人一組で何か課題をやってもらう。一人が課題をこなし、もう一人は聞き役になる。「終了したときに拍手をしてください」と言うと、聞き役の人だけが拍手をするケースがよく見られる。私はそこで、「全員がお互いに対して拍手をしてください」と指示を出す。というのは、ねらいがそもそも相手を褒めることではなく、区切りをつけストレスを解消することにあるからだ。課題をこなそうとすれば、場が緊張する。その緊張は、終わってもまだ実は取れていない。積極的に終わる儀式をしなければ、緊張は解けないものなのだ。そこで拍手を全員がすることで、これまで過ごした時間をいわば祝い、終了させる。拍手の音が場に鳴り響くだけで、場が緩み、動き出す。会話の合間合間で、上手に何気なく拍手を挟み込むことができるのも、間合いの技だ。

体温が伝わる方言

方言は日本語の宝だ。日本は狭い国土ながら、南北に長く伸びている。気候・風土が相当異なる。そこで培われた人間性や人間関係の取り方も相当差異がある。方言には、そうした風土の違いが色濃く染み込んでいるのだ。

方言で話されると、どこの方言でもその人の人柄が出ているような気がしてくる。体温が伝わってくる言葉なのである。個人としての体温というよりは、風土全体がからだの温もりとして伝わってくるというイメージだ。今時は共通語はテレビを通して十分身につけることができる。共通語が話せなくて困るということは、ほとんどない。いま必要なのは、むしろ方言の教育だ。ところが、生徒手帳にかつては「方言の使用を禁止する」という項目を掲載していた地方もあるほどで、その方言撲滅運動の成果もあってか、全国で方言能力の急激な低下が見られる。

この衰退は深刻だ。現在八十代の方は、方言を使いこなすことが相当できる。五十代になると、その三分の一程度の方言能力しか有していない感じがする。これは、各地を訪れるたびに、自分と八十代の人を比較してどの程度の差があるか、と私が聞いた際の答えを参考にしている。二十代になると、方言能力は急速な低下傾向を見せる。関西の言葉のように、テレビで大きな勢力を持っている言葉は比較的廃れていない。しかし、鹿児島弁などは、方言の代表選手のような魅力を持っているにもかかわらず、若い人は喋らなくなってきているのだ。これはまったく看過することのできない事態である。

言葉には本来、肌触りや温もりというものがある。その言葉の語感に、意味が雰囲気として含まれているのだ。その土地固有のイントネーションもある。方言は一つの別言語だ。だから方言を話すためには、「方言モード」に身体のモードをチェンジさせる必要がある。いわゆる共通語を淡々と話す人を相手に自分だけが方言を話すというのは意外に難しいものだが、地元の友達や家族と電話で話すときには、すぐに方言モードに切り替わる。その切り替えは、人格の切り替えさえも感じさせるほどに鮮やかである。

私が監修をしているNHK教育テレビの「にほんごであそぼ」という番組で、宮沢賢治の「雨ニモマケズ」を全国各地の方言でやってもらっている。この詩は、作品として発表されたのではなく、宮沢賢治の手帳から発見されたものだ。自分自身に対する祈りの言葉として書き付けられたものだ。宮沢賢治のこの詩は、方言のきついものではない。しかし内容には岩手の厳しい風土が浸透している。それだけに、他の地方の方言に直してしまうとどうなるのか。冒険の要素もあった。

結果は、驚くほどの成功であった。宮沢賢治の真摯な祈りが、全国の方言でしっかりと表現されていた。南の鹿児島の言葉でも、肌触りのある言葉とイントネーションで、この詩の一番肝心の核となる感情はきっちりと伝わってきた。では同じ作品かと言えば、そうではない。違う作品に仕上がっている。これが方言の言語としてのすばらしさだ。どのようなテキストも、自分の色に染め上げてしまう。しかし、そのテキストの持つ生命力は失われない。

方言を話しているときに感じる懐かしさ、というものがある。身体全体が緩んで温かくなる感じだ。だから、方言でのコミュニケーションが衰退することによって、身体の冷えが進んでしまう。しかも、方言はある世代で衰退すると、自然に復活することは期待しにくい。意識的な方言教育を、学校やメディア、家庭で本格的に行う必要性があるのだ。それほどに切迫した状況なのである。

癖と癖がコミュニケーションする

コミュニケーションのおもしろさは、知らないうちにお互いの癖を味わい合っているところにある。情報伝達だけがコミュニケーションの目的ではない。むしろ、生身の身体から発せられる癖を自分の身体で受け止め、投げ返す。そこに醍醐味がある。

たとえば普通の会話が「漫才」に似るときがある。片方が「ボケ」をやり、もう片方が「ツッコミ」を自然にやっているケースだ。夫婦でも、こうした漫才のような役割分担ができている場合がある。当人は漫才と意識しているわけではなくとも、周りから見ると楽しめる。大阪では、幼い頃から日常会話でボケとツッコミの訓練をしているようだ。これはもはや技の域に達している。片方の癖に対してもう片方が癖で対応する、というコンビネーション・プレーがうまくいくと気分がいい。

たとえば女子中高生同士の会話は、会話の内容以上に、会話の癖を共有するところに特質がある。十代の女の子特有の話し方の癖をマスターしなければ、会話に入りにくい。職業によっても会話に癖が出てくる。教師生活が長いと、どことなく教師臭さが話し方から抜けなくなる。私の知っている例では、予備校の古文の先生が妙に女言葉を使うので不思議に思っていたら、本務校が女子大ということであった。女子大生の言葉づかいの癖が自分に乗り移ってくる。あるいは彼女たちにわかりやすく説明するために、自然に同調しているのだ。昆虫は、捕獲されないように「擬態」を使うことがある。木の葉に似せた形に自らを徐々に変えていく。言葉にも「擬態」という技があるのではないか。

会話の癖を身体に取り込むことで、仲間に入るのである。

癖は習慣である。意識的なものではなく、やめようと思っても簡単にはやめられない。その点が技とは違っている。技は出すべき時に出すものである。状況に応じてコントロールでき、しかも効果的であることが技の条件である。コミュニケーションには、そうした「技」の修練も必要なのだ。しかし、皆が会話上手になることだけがいいわけではない。ビジネスの場面などでは効率性が要求されるので、コミュニケーションは上手であるほどいい。しかし、日常の生活では、上手い下手よりも、会話の癖をいかに味わい合うことができるか、ということがむしろ重要になる。

ゆっくり言葉を探す癖の人がいる。そのテンポにイライラする人は、その癖を味わってはいない。ああ、また言葉を探しているな、と感じ取り、その言葉探しの時間を味わいながら待つ。そうできる人は、相手の癖を楽しみに変えているといえよう。

谷崎潤一郎に「幇間《ほうかん》」という短編がある。本来は旦那衆の身分にある桜井という男が、自ら進んで太鼓持ちになる話だ。太鼓持ちは旦那衆におべっかを使い、ヨイショする。腰が低くて、もみ手してへつらう身体でなければ太鼓持ちとは言えない。話し方も太鼓持ちらしい癖を味として出す必要がある。「〜でげすな」といった、いかにも太鼓持ちらしい言葉づかいを身につけることで、他の人との距離感をつくっていく。桜井がこうした話し方をわざとすることで、周囲も彼の取り扱い方に慣れていくのだ。

話し方の癖は、生き方のスタイルと関係している。言葉は意味を伝えるためのものだけではない。言葉を発する身体が乗り移っている。他者との距離の取り方が、言葉の端々にあらわれる。逆に言えば、言葉の端々から、その人の対人関係の癖を見抜くのが、コミュニケーション力である。

練習問題

ではここで「話し方の癖を見抜く」練習問題をやってみよう。テキストは、夏目漱石の『坊っちゃん』(岩波文庫)。国民的な小説だが、読んだことのない人のために一応の人物紹介をしておく。江戸っ子の坊っちゃん、坊っちゃんをかわいがる婆やの清《きよ》、赴任した松山の中学校の生徒、中学校の同僚で一本筋の通った男気のある会津出身の山嵐、大学出の文学士で気取っている策略家の赤シャツ、赤シャツにおべっかを使う野だいこ、表向きの言葉は立派そうだがあまり中身のない話をする校長の狸、坊っちゃんが下宿している家の世間話が好きな御婆さん。次に引用する言葉は、状況はバラバラだが、それぞれ誰の言葉だろうか。

①「学校の職員や生徒に過失のあるのは、みんな自分の寡徳《かとく》の致す所で」

②「まだ御存知ないかなもし。ここらであなた一番の別嬪《べっぴん》さんじゃがなもし」

③「箆棒《べらぼう》め、イナゴもバッタも同じもんだ。第一先生を捕《つら》まえてなもした何だ。菜《な》飯《めし》は田楽《でんがく》の時より外《ほか》に食うもんじゃない」

④「そりゃ、イナゴぞな、もし」

⑤「あの松を見給え、幹《みき》が真直《まっすぐ》で、上が傘のように開いてターナーの画《え》にありそうだね」

⑥「全くターナーですね。どうもあの曲《まが》り具合ったらありませんね。ターナーそっくりですよ」

⑦「あなたは真《ま》っ直《すぐ》でよい御気性《ごきしょう》だ」

⑧「貴様らは奸物《かんぶつ》だから、こうやって天誅《てんちゅう》を加えるんだ。これに懲《こ》りて以来つつし

むがいい。いくら言葉巧《だく》みに弁解が立っても正義は許さんぞ」

ストーリーを詳しく知らなくとも、およその見当が言葉づかいからつく。それが癖というものだ。解答は前から順に、①校長、②下宿先の御婆さん、③坊っちゃん、④中学生、⑤赤シャツ、⑥野だいこ、⑦清、⑧山嵐。言葉づかいの癖から、気質や話すテンポ、場合によっては仕草までを思い浮かべることができる。

黙読よりも音読の方が、言葉づかいの癖を見抜く練習になる。自分の身体に一度言葉を通してみることで、癖がわかる。小説の場合、会話文が上手いかどうかは、音読してみればわかる。言葉づかいの端々にその人物の癖が感じられれば、その人物はリアリティがあるといえるのだ。

演劇的身体でモードチェンジ

対話力や表現力を養うために、演劇は大きな効果がある。気持ちをしっかり表現しようという構えにセットすることで、表現する意思自体が鍛えられる。演劇は、基本的に他者から見られることを前提にしている。観客のまったくいない演劇は、演劇とは言えない。第三者に見られているという意識のもとで、自分がいかにも内側からわき上がる感情に充たされているように話す。これは難しい技術だ。自然さが失われやすい。

それだけに、演劇の練習で鍛えられた人は、人目にさらされた場での度胸が据わっている。他者の(それも多くの)目を受け止める芯の強さが、身体の中に軸として生まれる。世阿弥の言う「離見の見」は、観客側から見える自分の姿を役者が意識するということだ。自己を客観視する力である。自分の雰囲気を肯定する力とともに、自己客観視する力が、演劇という状況では鍛えられるのだ。

とはいえ、私たちは日常的に演劇をする機会は少ない。私たちにふだん必要なのは「演劇的身体」である。たとえば、数十人、数百人の前でスピーチをしなければならないとする。この場合には、日常を生きている身体よりもずっとテンションの高い身体が要求される。これはもはや一つの演劇だ。「自然な自分」「素の自分」のままがいいと思っていても、ステージの上ではそれだけでは不十分だ。見る人間のエネルギーを身体に引き受けて、それを跳ね返すくらいの「張り」が身体に求められる。目が泳いでしまい、身体に中心がないぐにゃりとした状態では、見ている方が辛くなってしまう。テンションを上げ、しかも自分を冷静に客観視できる力――この力のコントロールが演劇的身体を支えるのだ。

人はいつも同じモードでコミュニケーションしているとは限らない。仕事になれば仕事用のモードになる。コミュニケーションの仕方も、仕事モードになる。プライベートで友達と話す感じをそのまま仕事に持ち込んでしまえば、相手に失礼になってしまう。プライベートモードと仕事モードの二つは、少なくともチェンジできるようにしておくことが必要だ。このモードチェンジができる身体のことを、ここでは「演劇的身体」と呼びたい。常に「本当の自分」でいることはできない。生活のさまざまな文脈の中で「……として振る舞う」というのが現実だ。そのさまざまな「……として」の束が自分になる。

力が内側から充ちていれば、力を抜くこともできる。身体のモードチェンジをし、状況や役柄に合わせてしなやかにコミュニケーションしていくために、まず必要なのは、身体の内側にあふれているエネルギーだ。達人と呼ばれた能役者の観世寿夫は、その著書にこう書いている。

もし、目に見える力は柔らかく抜いている役でも、内的な息のつめひらきは猛烈な強さで保っていなくては、筋としての展開の複雑さを持たない能の舞台が、面白いものになるはずがない。役を演ずるということが偽体（戯体）にならぬよう、化けるという演技にならぬよう、自分をさらけ出せる、それも単にハダカになれるという意味ではなく、技術を通して本来の「生」が舞台上に生きることができるためには、演者は、能をやることの肉体的辛さに、自分を嬉々と立ち向わせることを習慣づけられていなければならぬ。すでにそういう演者なら、やがて、いつもいつも内も外も力一杯に張りつめてばかりいなくても、ふわっと立つことも、しずかに動くことも出来るようになるだろう。それも自分の中側では力が一杯に充ちていながら。

（観世寿夫『心より心に伝ふる花』白水社）

他者の視線に負けないよう表現するためには、身体がエネルギーに充ちていなければならない。そのためには、子どもの頃から思い切り声を出し切ってエネルギーを放出する練習が大切だ、と観世寿夫は言う。子どもの時に、声を出すにしろ、体を動かすにしろ、力一杯自分の全部をぶつけるような稽古をやらされる。すると、力一杯の状態で演技をすることが当たり前になる。そういう習慣がからだについてしまうようにするのだという。

ここで言われている子ども時代の稽古は、通常の子どもにとっては遊びに当たる。からだを思い切り使って遊ぶ。声を思いっきり出し、からだを目一杯動かし、友達とぶつかり合い、笑い合いながら毎日を過ごす。疲れ切ってもう何もできない、というところまで毎日遊び、泥のように眠る。エネルギーを余らせることなく、使い果たして眠れば、眠りは深くなる。そして目覚めたときには、エネルギー量はアップしている。それがトレーニング効果というものだ。

「エネルギーは、出せば出すほど湧いてくる」

これは私がつくった標語のようなものだ。コミュニケーション力のある人は、子どもの頃思い切り遊んできた人ではないか、と思うことがある。どことなくエネルギーが外に向かって放たれているのだ。うずうずとからだの内側でエネルギーがくすぶってしまっている感じの人は、コミュニケーション力があるとは言えない。エネルギーが交流することと自体が、コミュニケーションの目的でもあるからだ。気が通い合っている、エネルギーが交流している。そんな感覚をお互いに持つことができれば、それは最高のコミュニケーションだと言える。

まずは、気を外に放つことだ。エネルギーを惜しみなく放出し、周りを活性化させる。恥ずかしがっていたり、エネルギー放出を惜しがっていたりしては、コミュニケーション力の向上は望めない。コミュニケーションは、何よりもエネルギーの交流だということがわかっていれば、相手に向かう身体の構えも自ずから変わってくる。

雰囲気の感知力と積極的受動性

「場の空気を読め！」という言葉が使われるときがある。あまりにも的はずれな発言や行動をして、それまでの場の雰囲気をぶちこわしたときに言われる言葉だ。場の空気というと曖昧なようだが、実際にその場にいれば、ある程度感じることのできるものだ。この雰囲気の感知力において、敏感な人と鈍い人とがいる。

ここで言う「空気」とは、主に次の二つによって構成されている。一つは、それまでの話の文脈である。なぜ今ここでこの話をしているのか、それをわきまえなければ、空気を読んでいないということになる。とりわけ、その場に緊張感が漂っているような場合には、文脈を外すような的外れなことを言うと、全員の集中が乱れる。話がまじめな方にいっているのか、崩れる方にいっているのか、これをわきまえていれば、それほど大きな間違いはしなくなる。

空気のもう一つの構成要素は、各人の身体だ。身体の状態感が寄り集まって全体の空気(雰囲気)を作り上げている。たとえば、誰かが個人的な理由でたまたま不機嫌だったとしよう。その不機嫌さが身体全体から発せられている。それが場の空気を悪くさせる。発言の内容以上に、言い方に気分があらわれる。勘のいい人は、発言の内容よりも、その発言者の身体の状態や気分に焦点を当てて聞いているものだ。その雰囲気次第では「今はこの話を切り出すのはやめておこう」といった判断をする。相手の気分を身体から感知する習慣のない人は、自分の都合で話を切り出してしまう。すると相手は気分が悪いものだから、本来ならば受け入れるはずの提案も即座に却下するということも起きる。

その場において権力や影響力の大きな人の気分は、場の雰囲気に大きく関与する。教室で言うなら教師、会社なら上司、チームなら監督やエースが、個人的な理由で不機嫌になると、場の雰囲気が悪くなる。私は教師を仕事にしているが、基本的に心がけているのは常に上機嫌でいるということだ。叱るときでさえも上機嫌である。場を積極的で活動的な雰囲気にしたければ、そこに参加する自分自身の身体をそのようにまずセットする必要がある。身体が雰囲気をつくっているのだ、と強く認識することで、振る舞い方は変わってくる。

場の空気がコミュニケーションに与える影響は大きい。暗く沈んだ雰囲気ならば、同じメンバーでも会話は盛り上がらない。空気を感じ取るだけでは不十分だ。感じ取りつつ、方向性を修正していくことが求められる。身体で空気の微妙な変化を感じ取り、自分の身体をある方向性に向けてセットすることで、全体の空気をリードする。それがリーダーシップというものだ。場の空気の感知力が鈍いようでは、たとえ実力があっても、リーダーシップを発揮することは難しい。

雰囲気の感知力を高めるためには、構えが重要である。教育者の斎藤喜《き》博《はく》は、全身の毛穴を開く、と感知力を表現した。緊張して固くなると、視野が狭くなる。すると、全員が何を感じ、どうしようとしているのかを五感で感じ取りにくい。ただ受動的なだけでは十分ではない。積極的に受動的であることが求められる。すなわち、〈積極的受動性〉の構えが、場の雰囲気を感知する基本の構えということである。

まず息をゆったり吸って吐く。気を肚《はら》に落ち着け、周りをしっかりと見渡す。目を配り、気を配るのである。誰が退屈しつつあるか、仲間はずれの感情を持ってはいないか、一人で舞い上がって喋りすぎているのは誰か、場に対して冷えているのは誰か、など一人ひとりが場に対してどのように関わっているのかを見極める。場の雰囲気といっても、一人ひとりが醸し出すものなのだ。一人ひとりを注意深く観察することで、場の雰囲気の感知力も高まる。

沈黙を感じ分ける

雰囲気の感知力の中でも、とりわけ重要なのが沈黙の感覚だ。たとえば二人で話をしていて、沈黙がふと訪れたとする。その沈黙を気まずいものとして捉えるか、静かな満ち足りた時間と捉えるかは、捉える人の沈黙センスにかかっている。通常は「沈黙」という一語であらわされる現象にも、いくつか種類があるのだ。

まずはシンプルに「生産的沈黙」と「非生産的沈黙」に分けてみよう。たとえば教室で、教師の指示が曖昧であるために生徒たちが何をしてよいかわからず、うずうずとしている状態。これは非生産的沈黙である。対照的に、課題が明確であり、生徒が集中して作業に取り組んでいる。頭の中は高速回転しているが、その分だけ沈黙が深くなる。こうした緊張感のある沈黙が、生産的な沈黙である。同じ音のない状態であるが、その質には雲泥の差がある。「不毛な沈黙」と「充実した沈黙」と呼ぶこともできる。「充実した沈黙」の時間をどれだけつくることができるか。これが教育者の力量をはかる指標であるといえよう。

沈黙それ自体が大きな意味を持つ、という認識を持つためには、音楽を聴けばはっきりする。たとえば、モーツァルトのピアノ協奏曲第二十番第一楽章。スターであるピアノ演奏が入るまでに、前奏となる演奏がオーケストラで行われる。あるところでその演奏が終わる。間髪入れずにピアノが登場するわけではない。少し間をおいて、聴く側に気を持たせてから、静かに、しかし迫力をもってピアノがソロで登場してくる。舞台でただ一人スポットライトが当たるような、あの緊張感ある登場の仕方は、沈黙のセンスに支えられている。聴いている者全員が沈黙の中に引きずり込まれ、次はいつ始まるのだろうという一瞬の不安と緊張に包まれる。その沈黙の期待感を十分意識し、心に染み込むように静かに入っていく。音楽では、沈黙を味わうことが重要なテーマとなっているのだ。日本を代表する作曲家の武満徹は、その著書の中でこう書いている。

> 一音として完結し得る音響の複雑性、その洗練された一音を聴いた日本人の感受性が間という独自の観念をつくりあげ、その無音の沈黙の間は、実は、複雑な一音と拮抗する無数の音の犇《ひし》めく間として認識されているのである。
>
> （武満徹『音、沈黙と測りあえるほどに』新潮社）

男女のカップルの関係は、沈黙によってその質を見ることもできる。会話が止めどなく続くカップルは、これはこれで問題ない。会話がとぎれた時に、どんな感じを持つのか。お互いに心が満ち足りた感じをいっそう持つことができるのか、単に気まずい感じなのか。沈黙を共に楽しむことのできる関係は、相当充実している。別れ話を切り出すかどうかというときに喫茶店で向き合っているカップルの関係も、沈黙が訪れがちだ。

この沈黙は、不毛な沈黙ではない。むしろ考え方によっては、非常に緊密で滅多に訪れない充実した沈黙とも言える。次にどちらが口を開くか、何を切り出すか。剣豪同士が「先に動いた方が負け」というような状況で真剣勝負をしているような緊張感を、もっと後ろ向きの感情に浸した感じ。そんな奇妙な充実感が、別れの瞬間にはある。お互いに言いたいことがあふれてきそうなのに、言うことができない。こうした息づまるような沈黙の時間も、人生の醍醐味の一つだ。

ましてや互いに分かり合っている二人がやむを得ぬ事情で別れの時を迎える場面には、沈黙が似合う。マンガの『巨人の星』で、星飛雄馬の親友の伴《ばん》宙太が別チームにトレードされ、敵同士となる場面がある。同じ寮に住んでいる伴の引っ越しの荷物をまとめる手伝いをする飛雄馬は、一言も語らない。二人の間にはあふれかえる思い出がある。すべてを分かり合い、別離を受け止める。韓国のドラマ「冬のソナタ」でも、愛し合っている二人が別れなければならない状況が生まれる。お互いが兄妹であると誤解したチュンサンが、すべての事情を自分の胸に飲み込んでユジンと最後の旅に出る。チュンサンは多くを語らない。その沈黙を見る者が味わう。沈黙は饒舌よりも多くを語りかけてくる。井上雄彦《たけひこ》のマンガ『スラムダンク』でも、ラスト付近はすべて沈黙だ。緊迫した充実感の前では、人は言葉を失う。そして、その黄金の沈黙を皆が共有する。始終ラッパや太鼓を打ち鳴らして決して沈黙が訪れないようにしている応援とは違う。息を飲み、言葉を失う緊張の一瞬。これこそがスポーツを観る醍醐味だ。

対話における沈黙の価値について、マックス・ピカートは、「沈黙は言葉なくしても存在し得る。しかし、沈黙なくして言葉は存在し得ない。もしも言葉に沈黙の背景がなければ、言葉は深さを失ってしまうであろう」と書いている。

ふたりの人間がたがいに話しあっている場合、そこにはつねに第三者が居合わせている。……この第三者とは他でもない、沈黙である。沈黙が話しに耳を傾けているのである。そして言葉が、二人の話者のあいだの狭い空間のなかで運動するのではなくて、遠くから――沈黙がそれに耳を傾けている彼処《あそこ》から――来るということが、会話に広さをあたえ、またそのことによって、言葉はより内容ゆたかなものとなる。いや、それだけではない、……言葉はあたかもこの沈黙から、あの第三の者から語りかけられているかのようなのである。そして話者自身から来たり得るよりも一層多くのものが、聴者《ききて》に対してあたえられるのである。そのような会話における第三の話者、それがとりもなおさず沈黙なのだ。プラトンの「対話」の結びのところでは何時でも、まるで沈黙自身が語っているかのようである。――語りおわった人々が、ここでは沈黙に耳を傾ける人になっている。

（マックス・ピカート著、佐野利勝訳『沈黙の世界』みすず書房）

沈黙の質を自分の肌で敏感に感じ分けることのできる力。この雰囲気の感知力が、次の展開を決める。せっかくの沈黙をぶちこわしてしまう発言をしてしまうか、あるいは不毛な沈黙をダラダラと引き延ばしてしまうか。そうした刻々の判断が、沈黙に対するセンスによって決まっていく。コミュニケーション力は、沈黙の感知力に支えられているのである。

第3章

コミュニケーションの技法

――沿いつつずらす――

沿いつつずらす

コミュニケーションの基本かつ奥義は、「沿いつつずらす」ことである。相手の話に沿うことなく、自分の話ばかりをし続けるのではコミュニケーションとは言えない。また逆に、相手に同意ばかりしているのでは、話が展開しない。相手の話を聞きながら同方向に移動し、その二人が勢いを同じくしたところで、方向性を少しずらす。一見、自分にとって都合のいいところへ話を持っていくずるいやり方のようだが、お互いにこれを行えば問題はない。「ずらす」といっても、自分の利益のある方へ相手を誘導するということを意味するわけではない。ごまかすということではなく、話を広げ、推進させるということだ。

たとえていえば、川を渡るときの置き石のようなものとも言える。石を置いていくことで、川が渡りやすくなる。どの程度の距離にどのくらいの石を置くかにセンスが問われる。気分良く、テンポ良くわたっていきたい。時に深みもある。そのときには大きな石を持って来なければ渡れない。行き詰まりを打開する言葉を提示できるかどうか、ここにハイレベルなコミュニケーション力が必要とされる。

「沿いつつずらす」というのは、合気道的な技法でもある。相手の攻撃の勢いを利用し、そこに一度は寄り添い、動きを一体化させておいて、方向性をずらし、決める。上手にずらし、決めることで、話が堂々巡りにならなくなる。きちんと沿ってもらえると、話している方も嬉しい。きちんと受け取ってもらえなかった、あるいははぐらかされた、という思いを抱くと、次にその人と話をしたくなくなる。逆に、理解してもらった上で、自分では思ってもいなかった角度から光を投げかけられると、心が晴れ晴れとする。

「ずらそう、ずらそう」とはじめから構えるのではなく、沿いながら自然な展開を探るのがいい。悲しみに暮れている人に対しては、その悲しみに共に浸ることだけでも、力になる。ある一つの感情の状態を共有することによって、自然に事態が展開する。沿うことによってずれる、というケースだ。

「沿う」技には、いくつかのヴァリエーションがある。それを紹介していきたい。と同時に、沿うことばかりを双方が考えていては話が進まない。自分からしっかりと考えを提示(プレゼンテーション)していくことも必要だ。その技についても、この章で扱いたい。

偏愛マップ・コミュニケーション

コミュニケーションがうまくいく基本は、相手の好きなことを巡って話をすることだ。相手がそもそも興味・関心を持っていないことについて話しても、会話は活性化しにくい。興味のあるところから始めて、徐々に共通の基盤を作っていき、発展させていく。まず考えるべきは、相手が何を好むのかということである。

私は、授業やビジネス・セミナーで「偏愛マップ・コミュニケーション」をメニューにしている。白い紙の上に五分から十分ほどで自分の好きなものを具体的に書いていってもらう。マップになるように、適度に散らして書く。ある程度できたところで、二人一組になり、その偏愛マップを交換し、相手のマップを見ながら話題を見つけ盛り上げていく。自己紹介をすることもなく、赤の他人同士が、いきなり好きなことを巡って話をしろ、というのだから一見無理な注文のようだが、実際に行ってみると例外なく活性化する。

たとえば、犬を飼っている場合には、犬種や名前も入れておく。ただ「音楽」と書くのではなく、ドミンゴとか平井堅とかモーツァルトといったように固有名詞を挙げておくことで話題が広がる。自分のひいきのケーキ屋や整骨院などを書くのも意外に効果的だ。

数十人、数百人の人間が、一斉に笑顔で話し出す光景は圧巻だ。会場に笑顔の花が咲く。好きなことについて話すという行為は、それほどまでに楽しいものなのだ。ちょっとしたことで笑い声が上がる。自己紹介から始め、名刺を交換したり職業を言ったりする始め方では、とうていこんな笑顔は生まれない。四、五分程度でも、十分友達同士のようになれる。

偏愛マップを使ったコミュニケーションを行ってみると、コミュニケーションが苦手な人などいないと思えてくる。まったく何の難しさもない。人と人は、ちょっとした工夫さえあれば笑顔で楽しく誰とでも話ができるものなのだ。

一つずつ好きなものを聞いていく手もあるが、マップになっていると話題を見つけやすい。自分が知らないことについては、聞けば、相手は喜んで答えてくれる。共通の話題が、マップならば見つけやすい。自分と同じものが好きな人のことは、なかなか嫌いにはなれないものだ。偏愛マップ・コミュニケーションを行うと、「第一印象で人を判断してはいけないということがよくわかった」という感想が必ず聞かれる。取っつきにくいと思われた人とでも、好きなことについて話し、盛り上がると、まったく印象が変わる。原理はきわめてシンプルなのだが、起こっていることは劇的だ。

私たちは、ふだん他人の偏愛マップを見せてもらっているわけではない。家族同士でも、お互いに好きなものが何かということを知らない場合もある。それでは会話が盛り上がるはずがない。仲のいい友達同士は、好きなものを数多く共有している。食べ物からファッション、音楽の趣味やお店、スポーツやテレビ番組など、ちょっとしたことでつながりあっているものだ。

偏愛マップを使ってコミュニケーションするのにある程度慣れてくると、通常の会話でも偏愛マップを意識して話すようになる。相手のマップは実際には見せてもらってはいないのだが、言葉の端々から、こちらの心の中で相手の偏愛マップをつくっていく。

そしてそれを記憶しておき、いろいろな折にその話題を持ち出す。するとスムーズに会話が運び、相手はこちらに好感を持つことになる。自分の好きなものを覚えていてくれて、その話題について楽しく話してくれる相手に対して、悪い印象は持てないものなのだ。

名刺交換という儀礼は日本で定着している。名刺の裏に自分の偏愛マップを印刷しておいたならば、ずいぶんと名刺交換による親密度は上がるだろう。他人の偏愛マップは、つい見たくなるものだ。見れば、一言二言それについて話をしたくなる。すると、仕事上のつき合いの顔だけではない、その人の人間性が見えてくる。プライベートな部分での顔を軽く見せ合うことによって、信頼関係が増すのである。

同じ職場で隣り合わせになっている者同士でも仕事の話しかしない場合には、お互いの好きなものを知らずに過ごしている。私が考えるには、仕事はアイディアやコミュニケーションの密度が勝負である。お互いに好きなものを知り合っている状態の方が、アイディアは生まれやすく、コミュニケーションはスムーズになる。職場やクラスで、よい関係を張り巡らし、生産性を上げていくために、偏愛マップ・コミュニケーションは必須といってもよいほどのメソッドである。

要約力と再生方式

相手に沿うためには、要約力が武器になる。相手の言っていることの要点をつかまえ、的確に把握することによって、相手の話に沿ったことになる。ただ「はあ、はあ」と頷《うなず》いているばかりでは芸がない。相手が話し終わったときに、上手に「つまり、……ということですね」と軽く要約する。その要約が的を外していないならば、相手は話をきちんと聞いてくれたのだと感じる。

再生力は、より細やかなところにまで範囲が及ぶ。相手の話をきちんと再生できるか。これが相手の話を聞いたことの証である。おおよその要約ならできる人でも、話を再生するとなると、より大きな意識のエネルギーが必要となる。メモをとる必要も出てくる。再生するといっても、話をすべてまねるわけではない。適度にセレクトし、再構成して話してもいい。ただし話の骨だけではなく、細部(ディテール)を上手に組み込むようにする。骨子だけ話されても、イメージは湧かないものだ。相手の話を聞いていない第三者に自分が話したとしても、およそ七、八割方の内容は伝わっているというようになれば、再生力があると言える。

通常、人は話を聞くときに、自分がそれを再生しなければいけないと思って聞いてはいない。だが、それでは本当に話を聞いていることにはならない、と私は考えている。スポーツや武道の世界では、プレーや技について語る際、実際にできねば無意味だという考えが徹底している。「見てました」、「知っています」ということは、さして意味がない。自分が次にやるのだと思ってみなければ、本当に大事なポイントは見えてこない。技も盗むことはできない。お手本をやって見せてもらっても、そのような技を盗む意識がなければ、身には付かない。

自分が再生するのだという前提で話を聞くと、話の聞き方が格段に積極的になる。私はこれを「再生方式(先生増殖方式)」としてメソッド化した。先生役の一人が、まとまった話をする。これは三分でも三十分でも構わない。聞く側は、それをメモしながら聞く。話が終わったら、聞いている側は二人一組になる、片側ずつ再生を始める。再生時間は、二分から三分あたりが適当のようだ。いきなり五分間再生するというのは、ネタがきれてしまって難しい。一分以下では要約になりすぎてしまう。教室などで行う場合には、はっきりと進行役が時間を区切って全体の場を統一して進める。

話す側はメモを見ないで話す。したがって、話し始める前に少し(一、二分)時間をとり、頭の中で整理をしてから再生に入るようにする。聞き手側は、目を見る、微笑む、頷く、相槌を打つ、という四原則に従う。聞く側は、メモを時折見ながら聞く。相手がどうしても話に詰まってしまったら、「……という話がありましたよね」とヒントを与える。「えーっと」とか「あのー」といった言葉はできるだけ使わないように指示をする。意味の含有率の高い話をするように、進行役は指示をする。「終了」という言葉とともに全員が拍手をする。そして交代する。

二度目に話す側は多少有利になるので、時間を三十秒ほど延ばすことに私はしている。あるいはメンバーのレベルがある程度高い場合には、もう一つ要求を加える。それは、「自分自身の具体的な経験を一つ交えて話をして下さい」という要求である。十五秒ほどで自分自身のエピソードを一つ入れ込む。そうすることによって、再生が単なる人の話の引き写しではなく、自分の話になってくる。

再生をしてもらうときには、伝聞体ではなく、直接、自分が相手に語りかけているように話してもらう。「先生は……と話していました」というのではなく、「これこれこうなんです」という文体で相手を説得していく。人ごとではなく、自分の話としてするのが、再生力向上のコツだ。この再生方式を行うと、緊張するが、聞くときから構えが変わってくるので知識の吸収度が格段に高くなる。これを行った後で、普通の聞き方と比べてみると、これまでは、いかにもボーッと聞いているだけだったと思えてくる。それほど普段は、緊張感なく人の話を聞いているものなのである。

私は、この再生方式によってほとんどの知識が伝授可能になると考えている。学校教育の授業は、知識の伝授が大きな割合を占めている。すべての科目に、この再生方式を取り入れることができる。実際、私は授業でも講演会でも、この方式を採用している。具体的な教科に即しても、この方式を用いることがある。想像を遥かに超えて、再生方式は効果を発揮する。

この方式で条件となるのは、むしろ先生役の人の話に意味がきちんとあるということだ。意味の含有率の低い話では、再生の甲斐がない。だが、意味のしっかり詰まった話をすることは意外に難しい。したがって先生役を務める人間は、しっかりと勉強をし、メモを作ってくるなどして、無駄な言葉のない、密度の高い話をする必要がある。こうした準備をお互いにしてくることで、先生から生徒へという方向だけではなく、生徒同士の間での知識の伝授も進めることができるのだ。

「人の話を聞いたという証は、その話を再生できるということである」――この原則を共有することで、コミュニケーション力のレベルは桁違いに高くなるはずである。

言い換え力

コミュニケーション力の重要な技として、言い換え力がある。これは再生力とは少し違う。再生する場合には相手のキーワードをそのまま使うことが望ましい。しかし言い換えの場合には、自分で別の言葉に置き換えて話すことが求められる。「別の言葉で言い換えてみてください」、「自分の言葉でもう一度、今の内容を言い直してみてください」、「わかりやすく説明してみてください」といった指示は、言い換え力を要求している。

相手の言ったことをオウム返しにするのであれば、子どもでもできる。しかし、別の表現に置き換えて同じ内容を話すとなると、理解力、国語力が問われる。言い換えることができれば、その事柄をよく理解していることがはっきりする。東京大学の国語の入試問題は、ほとんどこの「言い換え力」を求める問題である。傍線部を自分の言葉で説明しなさい、わかりやすく説明しなさい、という設問である。傍線の引かれている部分は、多くの場合、抽象度の高い難解な表現だ。それをわかりやすく言い直すことができれば、その内容をよく理解していることになる。

これは、いざ解答を書く側になってみると、そう簡単なことではない。まず、内容を理解する必要が当然ある。しかし、理解したというレベルと、言い換えることができるレベルは、別である。わかってはいるのだが、うまく別の表現を見つけることができない、ということはあり得る。本当にわかっているならば、いろいろな表現ができるはずだ、という要求である。これならば、たしかに理解力を問うことができる。と同時に、表現力もわかる。

要求されているのは、抽象度を低くするということだ。難しい言葉を、いわば解凍して生き生きとした魚に戻す。こうした解答を作るのに、本文中の別の部分の言葉を継ぎ合わせて作るやり方が予備校などで指導されることがある。しかし、このやり方だけでは不十分だ。いわば糊とハサミでつぎはぎした解答を作るわけだが、そうしてできあった解答は、どうしても、ぎこちないものになる。また十年以上にわたる東大国語入試問題の「模範解答」を調べてみたが、抽象度が傍線部とあまり変わらない解答の仕方をしているものが非常に多かった。「わかりやすく説明せよ」という問いの要求に、これでは応えていない。完全に間違いだとは言えないが、自分の言葉で言い換えて、踏み込んで解答する姿勢が欲しい。

よい解答かどうかを判定するのは簡単だ。解答だけを読んではっきりと意味がわかりやすく伝わってくるかどうか、ということだ。解答を見ただけでは何を言っているのかわからない、というのでは、二流の解答だということになる。傍線部の内容と解答の内容がずれていないことは、もちろん必要である。

東大の国語入試問題は良問である。これを解く練習をすることで、コミュニケーションの強力な武器である「言い換え力」をクリアに焦点化して鍛えることができるであろう。

「たとえば」と「つまり」

知的な会話に聞こえるものも、構造は意外にシンプルであることが多い。簡略化して言えば、具体化と抽象化の運動の往復を二人でやるということだ。

抽象的な言い方をしたあとには、「たとえば……」と具体化する方向へ動く。それは抽象的な言い方をした当人が「たとえば」と説明してもいいし、聞いている側が具体例を挙げるように反応してもいい。聞き手が具体例を出すようならば、その二人の会話は知的にかみ合っていると言える。だが、具体的な事柄が出始めると、話が散漫になってくる。そこで、ある本質を捉えたものの言い方がなされる。今度は本質的な議論が続くと、話が煮詰まってくる。そして具体的な話へと話題が移っていく……。

この具体化と抽象化の運動は、運動としてはシンプルだが、実際のヴァリエーションは豊富だ。いま話の方向がどちらへ向かっているのかを意識しながら、バランスをとって話している人は少ない。この具体化と抽象化の方向性の感覚を身につけるだけでも、会話の技術は向上する。

生き方論のような抽象度の高い漠然とした話で盛り上がる場合もあるだろうし、具体的なとりとめもない話題で流れていくのが楽しいときもある。哲学的な議論のように、抽象度は高くても緻密な対話も考えられる。具体的なことを話しているが、焦点が絞れていて、クリエイティブであるということもある。具体的なアイディアを出し続ける会議などが、これに当たるであろう。いま述べたのはタイプ分けだが、実際には、具体化と抽象化が上手にミックスされて動いていく対話がダイナミックである。

数人で話しているときにも、やたらとすぐに「まとめ」に入ろうとする人と、話を「散らす」人とがいるものだ。まとめる人ばかりでは、議論がおもしろくならない。逆に散らす人ばかりでは、何を話しているのかわからなくなってしまう。漠然とした印象だが、かつては、ドイツ系の人はまとめて体系的にする傾向があるのに対して、フランス系の人は散らす傾向にある、とよく言われていた。まとめる方向性と散らす方向性のふた方向で、対話の運動を見直してみるのもいい。対話がレントゲン写真のようにずいぶん透けて見えてくるはずだ。

私がビジネス・セミナーを主宰していて感じるのは、「具体的なアイディアだけを出し続けてください」という課題を出しても、話が抽象的になる人が多いということだ。前書きや能書きが長すぎる。具体的なアイディア以外の批判や批評も多い。課題に対して焦点の合った具体的な思考をすることが技として身に付いている日本人の方が少ない、という印象を持っている。もっともらしいことを話すことでお茶を濁す場合が多いのだ。話を具体的な方向へ持っていくように常に努力し続けることが、基本的な構えとされるべきである。

会議を運営するコツ

会議は、会社でも学校でもよく行われる。しかし、日本の会議の生産性は総じて低い。宮本常一の『忘れられた日本人』(岩波文庫)に出てくるような何日もかけての村の寄り合いのような形式であれば、それはそれで日本人の得意とするところかもしれない。長時間かけて全員が納得するようなところまで持っていく。一つ一つの話題について制限時間内でどんどんけりをつけていく、というやり方ではない。これはこれで一つの民主主義のあり方だ。

しかし、現代では時間自体が重要だ。時間制限を設けることで、会議の質も上がる。会議はちょうどサッカーのようなものだ。四十五分ハーフなり、一時間半なりで、ゴール(結論)を出すべきものだ、と考えることで質が高まる。会議がうまくいかない要因の一つは、意見を言い合うことに終始するということだ。

肝心なことは、現実を変える具体的なアイディアを一つでもいいから出すことだ。それがゴールである。それ以外のことは、すべてパスにすぎない。人の出したアイディアを否定しているだけの人は、バックパスをしているだけ、ということだ。せっかくのいいアイディアを感情的な理由でつぶしてしまう上司などは、自分のゴールに球を蹴りこむようなものだ。

「すべてのトラブルは、具体的なアイディアによってのみ乗り越えることができる」

——一度そう考えてみることで、考え方や会議の質は格段に変わる。あれこれと議論することでは、現実は変わらない。もちろん相互に納得することは必要だが、抽象的な議論を続けていても何も決まらない。会議というコミュニケーションの場では、具体的な案を一つでも終了時間までに決めるという原則を守ることが大切だ。

会議の席では、一人が喋りすぎないように制限を設ける。さして意味のないことを延々と話す人が、場の中にはいるものだ。その人の話を聞いている時間がもったいない。

私は会議を一つの場として運営するだけでなく、二人や三人一組のグループに一度分割してアイディアを出してもらうようにしている。その方が、皆が話すことができる。おしゃべり好きの人がいても、被害の広がり方が少なくて済む。一人のつまらない意見を全員が仕方なく聞く時間をできるだけ減らす。結局、言いたいことは何なのか、具体的なアイディアはあるのか、各グループでそういうところまで突き詰めてもらう。一つの空間で会議はするのだが、いくつもの「島」に分かれて課題に取り組む。十分ほどアイディアを出し合ったら、その中のベストの案を発表してもらう。いくつか出たアイディアの中でどれを採用するかを決めるのは、基本的には責任者の役割だ。その採用が不利益をもたらすものであれば、その責任者が責任をとる。会社に関して言えば、責任をとるために上司がいるのだ。

日本ではアイディアを出した人が利益を直接得ることが少ない。そのアイディアがうまくいかなかったときに非難されることはある。しかも、アイディアを出した当人が、実質的な作業までもやらされることが多い。「じゃあ、言いだした人にやってもらおう」という安易な言い方がまかり通っている。これではアイディアを出すだけ損だという消極的な構えになってしまう。何もせずに事なかれ主義で傍観している方が効率よく出世していくというのでは、生産性が上がるはずもない。

ブレイン・ストーミングのコツ

濃密なコミュニケーションでアイディアを洗いざらい出していくやり方を、「ブレイン・ストーミング」という。嵐のように脳みそをかき混ぜ合い、すべてを一度吐き出してみるのだ。

このコミュニケーションの仕方のルールの原則は、否定しないということである。人の意見を批判せずに、どんどん積極的にアイディアを出していく。とりあえず前を向いてプレーをし、ゴールに向かってシュートを皆が打つ、という姿勢である。人数は多すぎない方がいい。三、四人で十分だ。考えをまとめてから話すのでなくてもいい。喋りながら考えていく。お互いの言葉に触発され合いながら、くだらないアイディアも含めて、とにかく脳みその中にあるものを表に出していく。暗黙知や経験知を吐き出す作業である。上司や部下といった、仕事上の上下関係は持ち込まない。対等な個人として向き合う。権力的な言動は、ブレイン・ストーミングの生産性を下げる。

コツは、ハイテンポで、しかもリラックスして行うということだ。遊び感覚でいい。制限時間のあるゲームをしているような楽しい感覚で、気楽に、しかも真剣にプレーする。

お互いの脳がかき混ぜられ合うのは、爽快だ。私は仕事のたびにこれを行っている。その経験からいえば、必ず道は一つ見えてくるということだ。絶対に一筋の道が見えてくると信じてやることで、それが実現する。アイディアは必ず生まれるものだ。しかし、それは論理的に筋道通りに組み立てていけるとは限らない。むしろ思わぬところから考えが派生して、オッと思うようなアイディアにつながることがよくある。偶然さえも、必然に変えていく――そうした意志が必要だ。材料がなければ、考えが進まない。遠慮していては何もできない。全員が臆せずに、感情的なことを気にせずリラックスして発言する。このプレイ感覚がブレイン・ストーミングの基本だ。

私がいつも不満に思っているのは、日本では否定的な意見を言う人がそれなりの評価を受けている、ということだ。人の作品をけなす、弱点を指摘する、アイディアの不備を指摘する、といったことが、意味あることであるかのように考えられている。私は作品を批判するには作品で、アイディアを批判するにはよりよいアイディアで、というのが本筋だと考えている。ネガティブ(否定的、消極的)な意見を言うのは簡単だ。責任も生じない。批判する場合には、問題点を指摘するにとどまらず、それをもっとよくするアイディアを出すのが基本の構えだ。

「ネガティブな意見を言っている暇があったら、アイディアを出せ！」

これを標語にして日本中の会議室の壁に貼りつけたい――まじめにそう思っている。

アイディアは一つで企画になるわけではない。いい企画には、いくつものアイディアが盛り込まれているものだ。したがって、誰かのアイディアをきっかけとして、そこに別のアイディアを練り込ませていく。そうすることでさまざまなトラブルに強い企画に仕上がっていく。

このアイディア練り込みの作業は、一人でやっているよりも、数人のコミュニケーションを通してやっていく方が効率的であり、疲労も少ない。皆で作り上げているのだ、という一体感やチームワークも生まれやすい。仕事をやっていく上で、このチームワークの感覚は非常に大切だ。アイディアをたくさん盛り込むという積極的な方向性が、コミュニケーションを活性化させるのである。

ディスカッションのコツ

ディスカッションをするときには、全員がアイコンタクトできる位置にまず座る。そうでない空間であれば、できるだけ机を動かしてポジショニングをしっかりする。初対面で集団討議を行うことも珍しくはない。最近は採用試験でも、ディスカッションを見て決めるところも多い。ディスカッションで的確な意見が言えるか、他の人ときちんとコミュニケーションができるか、といったところを見るのである。

ポジショニングをしっかりさせたら、次は、一人ひとりの名前をさっと言い合う。その際、自己紹介をしているのに、メモをとらない人が多い。これでは意味がない。ノートに、座った配置で名前を書き込んでおく。できれば会話の最中に、その人の名前を入れ込んで話す。「〇〇さんの先ほどのご意見は……」といった具合である。これをやっていると、名前を覚えやすい。名前は、使うことによって覚えるのが一番の記憶法だ。名前を呼ばれた側も、しっかりと存在を認知されているようで嬉しくなる。

課題が与えられている場合には、必ず課題をはっきりとノートに書き、ずっと意識を強く持ち続ける。大学生にディスカッションの課題を出してみると、制限時間内に課題に答えることのできたグループの方が少ない。いろいろな脇道に入って、課題を半分忘れてしまうのだ。

課題設定がなされていない場合には、課題設定を行う。その際のポイントは、課題を大きくしすぎないということだ。具体的な小さなテーマから入るのが生産的である。ノートに、座った位置ごとに名前を書いておいたら、その人の名前の脇に意見を書いていくのもいい。人と意見とが一致していた方が、後で議論を展開しやすい。議論が堂々巡りになったり、水掛け論になったりしないように、メモをしっかりとり、反復を避けるように持っていくのだ。

話題が行き詰まったときには、別角度の切り口で課題を設定し直す。この課題の再設定がディスカッションの正否を分ける。

人の話に割り込むときには、それなりの礼儀が必要だ。車で車線変更をするときに似ている。まずウィンカー(方向指示器)を出し、しばらく待ってから入っていくのがルールだ。この方向指示器は、相手の話を受け止めたという意思表示をすることに当たる。「なるほど、たしかにその通りですね」と言って流れを良くしておいて、さっと自分の話したいことに切り替えていく。「え？　そりゃあおかしいですよ」と割り込んだり、「今までの話とはあんまり関係ないんだけど……」という入り方をすると、流れを壊す人間だと受け取られる。ディスカッションするメンバーは、戦う相手ではない。同じチームのメンバーだ。ゴールするのが誰でも構わない。チームとして全体が機能するように意識して動くのが、ディスカッションの基本姿勢である。

メンバーの中で消極的、あるいは大人しい人がいれば、その人に気を回すことも必要だ。話をその人に振ってみたり、その人の少し話した内容を後で引用しながら話したりすることによって、全体のパワーバランスが取れてくる。意識を全員に張り巡らせているかどうか——これを自分でチェックするためにも、全員の名前を書いた座席表をノートに書いておくことが必要なのだ。

メタ・ディスカッション

ディスカッションの技術を一気に高めるメソッドとして私が考えたのは、「メタ・ディスカッション」という方法だ。「メタ」という言葉は、「メタフィジックス」が「形而上学」と訳されるように、「……を超えた」というニュアンスを持っている。より包括的な立場も意味する。間や「……のあと」というニュアンスもある。メタ・ディスカッションとは、ディスカッションを包括的に超えたところから見て、あとでそのディスカッションを捉え直すといった意味である。

そもそもは、私が大学院にいた頃に、「メタ・ゼミ」というのを考えたところから始まっている。ゼミナールの最中は、あるテキストを巡って参加者がいろいろなことを自分の立場から言い合う。普通はそれで終わるのだが、私はゼミのあと、何人かゼミの参加者を集めて、ゼミのディスカッションを振り返るディスカッションを行うのを習慣としていた。ゼミでの議論の内容を復習するというのとは少し違う。「あのとき誰々がああ言ったのは、これこれこういう意図だったんだが、それを誰々はこう誤解してああ言ったんだよ」といったように、ゼミでの出来事を心理的なやりとりも含めて意味づけし直す作業をする。ゼミという空間の中で、誰がどのような意図で動いていたのか、各参加者の力関係はどのようであったのか、権力を持っている教師は事態をどう持っていきたかったのか、といった観点から、ディスカッションを見直す。

議論の内容にのみ熱中している人は、周りの人の心の動きが見えていないことも多い。そのような人はメタ・ゼミを行うと、その弱点が明らかになる。どこから話がおかしくなったのか、なぜあんなことを突然言い出したのか、といったことについて総合的に理解する目を養うのが、メタ・ゼミの効用であった。

メタ・ゼミは、そもそもストレス解消のためにやっていた。ディスカッションが非生産的な場合には、ストレスがたまる。自分がゼミの責任者(教師)ではないので、完全に議論をコントロールするわけにもいかない。そこで、本来はどう議論が進むのがよかったのか、どこで文脈がずれていったのかということを、参加者同士であとで再認識する場を持つことで、ストレスを解消していたのである。

これを発展させたのが、メタ・ディスカッションだ。やり方は、数人でディスカッションしているのを、他の人が椅子の上に乗るなどして、上から見下ろしながらディスカッションのプロセスをメモしていくというものだ。課題としては、誰がそのディスカッションでいい働き(コメント)をしていたのかをあとで言ってもらうことにする。簡単に言えば、ディスカッションというゲームのMVP(最優秀選手)を、具体的なプレーを指摘しながら理由とともに挙げてもらう、ということだ。しかし、これを選ぶためには、議論の流れを押さえる必要がある。文脈力を鍛えるトレーニングとしては最適だ。

ノートに議論のプロセスを書き込むことで、本当に生産的なのは誰のコメントだったのか、がはっきりしてくる。話す時間が長くても意味が足りない人もいることに気がついていく。漠然とした印象を超えた、はっきりとした眼力が身に付く。たいていの場合は、イライラすることが多い。なぜ課題を外すんだろうとか、同じところをグルグル回っているじゃないか、といった感想を持つ。議論の輪の中にいたのでは気がつかないことが、外に出て眺めると簡単に見えてくるものだ。

しかも「上から眺める」という構造が大きな役割を果たしている。上から見下ろす風景は、いわば神の目だ。サッカーの試合でフィールド全体を見渡すような目を持っている選手は、いいパスを出す。しかし実際にピッチの上に立ってみると、上から見下ろすようには全体を見渡し難い。何度も上から見下ろしていると、だんだんその光景が目に焼き付いて技になってくる。上からディスカッションを見下ろし、文脈を把握する練習を積むことで、自分がディスカッションの輪の中に入ったときも、自分自身を含めたディスカッションの場全体を上から見下ろす視点が徐々に身に付いてくるのだ。

ゲームのルールとしては、途中でディスカッションの輪の中にいる人間と外の人間が適度に入れ替わるようにしておく。そうすると、視点の違いをはっきりと体感しやすい。外で見ていたときにはあれほど議論のもたつきにイライラしていたのに、実際に自分が輪の中に入ってみると流されてしまう、それが悔しかった、と感想を漏らす学生も多い。そのギャップを感じること自体が、練習になっていることの証だ。普通の人は、メタ・ディスカッションなどはやらないので、輪の中にいる自分しか知らない。ただ遠巻きに見ているのでは勉強にならない。次には自分が輪の中に入ってやるのだと思って議論を跡付けていくことで、力が付いていく。

常に課題を意識し、誰と誰がどういう意図で動いているのかということを意識化する。その上で、ノートに文脈と力関係をメモしていく習慣をつければ、ディスカッションの力は確実に、しかも急速に向上する。

プレゼンテーションのコツ

自分の考えを短時間に説明すること、企画などを提示することを、「プレゼンテーション」という。これは一般的に日本人が苦手にしているものだが、これほど練習効果がはっきりと上がるものも珍しい。慣れるだけでも上手くなる。

上手くなるコツは、短い時間からスタートして練習することだ。まずは、十五秒から。十五秒はCMの基本時間の一つだ。十五秒で商品を提示するために、CM制作者は知恵を絞る。情報をもれなく入れ込むと同時に、イメージやインパクトも大切にする。自分の好きな本や映画を十五秒で他の人に説明する。十五秒となると、よほど頭を整理しないと、すぐに終わってしまう。

日本人のプレゼンテーションの弱点は、本題に入るまでに手間取るということだ。前置きが長い。だが、十五秒プレゼンを繰り返していると、もっとも重要な情報から入る癖が付いてくる。十五秒プレゼンでねらっているのは、時間感覚と、意味の含有率の感覚をつけることだ。

十五秒話すのと、四十五秒話すのとでは、質的な違いがある。三分話すとなれば、相当内容がないと苦しい。「三分スピーチ」とよく言われるが、三分を有意義な意味で満たす話ができる人はまれだ。短い時間からスタートするのは、意味の含有率の高さを自分のスタンダードとして持つようになってほしいからだ。十五秒ならば相当意味を詰め込むことができるようになる。その意味の密度を変えずに、いわば距離を伸ばしていく。三十秒でも同じ意味の含有率の高さで話せるようになれば、次に四十五秒に進む。ポイントは密度を保ち続けるということだ。

最終的な演出としては、わざとゆったりとさせたり、笑いをとったりすることも必要だ。しかし、まずはプレゼンテーションの基礎能力として、「意味の含有率の高い話し方」を身につけたい。自分では話が比較的できる方だと思っている人ほど、危ない節がある。ノリのよさだけで何とかなる、と勘違いしていると失敗する。

プレゼンテーションは、優先順位をはっきりさせることが重要だ。自分の最大のアピールポイントは何なのか、をキーワードとしてはっきりさせる。それを最初と最後でしっかりと押さえる。プレゼンテーションが終わった後で、聞いていた側が「で、結局、何が言いたかったんだろう」という感想を持つのが最悪だ。おもしろさの前に、何が言いたかったのか、がはっきりと伝わるプレゼンにしたい。アピールポイントが多すぎると、かえって不信感を抱かれるものだ。特定の技術に自信がある場合は、そこをクローズアップさせて、そこだけはどこにも負けないという強い構えを見せると、印象に残りやすい。

並列的に並べるのではなく、強弱をはっきりさせる。話し方にも強弱をつける。自分で自分の問題点はわかっているという、「自己客観視能力」を見せることも効果的だ。基本的な姿勢はポジティブ(積極的、肯定的)にする。くぐもった声ではなく、晴れ晴れとした、カラリと晴れた声でやるよう意識する。

プレゼンテーションには場慣れが必要だ。場慣れするのはさほど難しくはない。相手が三人いれば十分緊張できる。四人一組になり、一人一分程度で、あるテーマでプレゼンテーションをしていく。四十人の場なら、四人×十組ができる。一分ごとに時計回りに回していく。四、五分もあれば一周する。プレゼンテーションに対する質問やコメントを組みこんでもいい。他の人のプレゼンテーションを聞くことも勉強になる。上手い人からは刺激を受け、下手な人を見ては意味の含有率やアピールの仕方を意識するようになる。一周したらグループを組み替える。また同じことを繰り返す。途中でプレゼンテーションのテーマを変えてもいい。四十五分から一時間あれば、相当の回数をこなすことができる。一時間後には、使用前と使用後というほどの違いをはっきりと自分で感じることができるに違いない。それほどまでに、そもそもプレゼンテーションは練習量が足りないのだ。「意味の含有率」という言葉を胸に刻み込んで量をこなせば、確実にプレゼンテーションは技となる。

コメント力

「コメント」という英語はすっかり日本語として定着した。テレビでもコメンテーターという役割の人間がいる。何か出来事があれば、それに対して気の利いた一言を言う。これがコメントの基本だ。気が利いていないと、コメント力は低いと見られる。

日本人は総じてコメントが上手ではない。「まあ、わりとよかった」「うれしいです」「何とも言えない」といった凡庸な言葉を吐いても、さして恥だと思っていない。コメント力の向上は、現代社会では重要な課題である。コミュニケーションの場においても、実はコメント力が大きな比重を占める。切れ味のいいコメントがあれば、コミュニケーションは充実するのだ。

とりわけコメントが生きてくるのは、コミュニケーションが終わって時間が少し経ってからである。後から思い返したときに印象に残る言葉というものがある。そういう印象深い言葉は、コメントと呼ぶ価値がある。

英語ではよく「ノーコメント」と言う。そこには、コメントすること自体が基本的な責任とされている文化風土が、逆に感じられる。コメントをしないということが明確な態度表明になる。それほどコメントは重みを持っているのだ。感想や気持ちをただ何となく言う、というのとは違う。自分の認識をはっきりと述べ、その出来事に対する価値判断やこれからの態度表明を明確にする。それがコメントの重みだ。

コメント力をつけていくために心がけたい点をいくつか挙げておきたい。まずは、「人と同じことを言うのはやめよう」「人が言いそうなことは言うまい」と心に強く念じることだ。当たり障りのない発言をしておくのが有利な状況も、もちろんある。そのときはコメントを避けることになる。人の心に残る、自分なりの角度を持った発言を練り上げる。コメントの中で優れていると感じられるのは、見る視点が他の人とは違う場合なのだ。

優れたコメントの基本は、目の付け所のよさである。他の人が見ていそうもないポイントに目を光らせる。それが瑣末なことであっても、それなりにおもしろいコメントになる。ましてそれが本質にかかわるポイントであれば、他の人の目を開かせることになる。「ああ、そう言われてみればたしかに」と感心させることができれば、名コメントだ。他方では、普通の人ならばこう見るだろうという常識的な感覚も、もちろん必要だ。それがなければ、その常識を避けることもできない。

物事を見る角度、切り口のよさ、と呼ばれるものもまた、技化《わざか》することができる。私は何を見るにも、身体にまず注目して見る。あらゆることに対して身体を切り口にして見る癖をつける。すると、身体という切り口に関しては非常に詳しくなる。映画を見ていても、身体という観点から見ていく。小説でもそうだ。すると、他の人には見えてきにくいものも浮かび上がって見えてくる。

学問もある程度使いようがある。たとえば、精神分析という学問を元手にコメントしている人もいる。精神分析の便利なところは、何とでも言えてしまうという点だ。誰も最終的な確証を得ることはできないので、気楽なこともいえる。フロイトやユングが幾分怪しげな、しかし斬新な切り口をたくさん用意してくれた。精神分析的な角度からのコメントにも、当然、確かなものと不確かなもの、上手いものと下手なものはある。

私は、ある種の学問体系を砦にしてコメントするような構えは、あまり好きではない。専門的用語を振り回して説明した気になってしまい、事柄の本質にその都度素手で切り込んでいく構えが鈍ってしまうからだ。とはいえ、コメントをするための引き出しは多いに越したことはない。心理学を知り、社会学を知り、生物学を知っていけば、ものを見る角度は多くなる。ものの見方プラス学問的な情報を付け加えることができれば、聞く側にとっても有益なコメントとなるにちがいない。

コメントをする上で気をつけねばならないことは、短く語るということだ。長すぎれば説明になってしまう。本には通常、帯というものがついている。帯に書く宣伝文句が、コメントのひとつの典型だ。すでに完成している作品としての本に対して、何とコメントするのか。とりわけ他人の本に帯の文句をつけるとすれば、何とつけるのか。この課題を設定してチャレンジしてみると、コメント力が磨かれる。ただ見解を説明すればいいというものではない。コメントには、言葉のインパクトがほしい。論理的に説明するだけでは印象が弱い。

コメントは義務である。何かを聞いたり、見たりしたときには、それに対して何らかの印象や感想を言葉にして返す義務がある——そう考えることで、コメント力は磨かれていく。コメントをしたことでようやく、見たり聞いたりしたということの証になると考えるということだ。「で、いかがでしたか」、「何かご意見、ご感想は？」と聞かれてから考えるのでは遅い。常にどんなコメントをするか考えながら吸収する。コメントが義務だと考えることで、こうした〈積極的受動性〉の構えが培われるのだ。

質問力

「質問力」という言葉も、私の造語だが、意味は読んで字の如しだ。質問を技と捉えてみようということである。日本人は質問をあまり重要視していないように私には思われる。欧米の学会と日本の学会とを比べると、質問に関しては欧米の方が質量ともに充実している印象を持っている。質問をするということが、相手の言っていることを深く理解し、自分の問題として受け止めているのだということを示す機会だと考えているかどうかの違いではないか。

質問を聞けば、内容の理解度が透けて見える。相手の話の文脈を理解し、自分の文脈とクロスさせながら、話がより活発に深くなるような質問をしていく。いい質問かどうかは、それを聞かれた側が議論をより活性化しうるものかどうかということだ。漠然とした質問では、答えようがない。あまりに瑣末な質問でも、答えるのは簡単だが、次につながっていかない。

「具体的かつ本質的」というのが、いいコメントやいい質問の基本的な条件だ。答えが具体的なものになる方が、その情報量は増える。「あなたにとって本とは何ですか」や「読書をどう考えますか」と聞くよりも、「小学生にすすめたい本を三冊あげるとすれば、どんな本を選びますか」と聞いた方が、答えが具体的になる。その三冊の本の選び方に、その人の本質も垣間見ることができる。

普通は、具体的なことを聞こうとすると非本質的になってしまい、本質的なことを聞こうとすると抽象的になってしまいがちだ。自分の質問は、的外れではなくしかも具体的であるかという点をチェックポイントとしていつも持っていると、質問力は確実に上がる。

質問の質をクリアに競い合う「質問力ゲーム」というのも簡単にできる。四人一組になって、ひとりがプレゼンテーションをした後、三人が質問をしていく。プレゼンテーションをした人間が、どの質問に答えたいのかを決める。質問された当人が話したくなる質問は、基本的にいい質問だ。これを何度もやっていると、質問に対する意識が定着してくる。人の話を聞くときに、次に何を質問しようかということを考えながら聞くようになる。できれば、質問したい事項を、話を聞きながらメモしていくのがいい。

質問の中でハズレになりにくいのは、相手がエネルギーをかけているポイントを巡っての質問だ。自分が意識のエネルギーをあまり懸けていないところについて質問をされても、どうしても熱心に答える気にはならない。自分の本領といえる部分についてならば、熱く語る気にもなる。「自分が聞きたいこと」ではなく、「相手が熱く語りたくなること」を第一に考えて質問をするようにする、という手があるのだ。

面接試験の試験官などでも、質問力は重要だ。数人で面接官を務めていると、どんな質問をするかで、その人の人物を見る眼力も見えてきてしまう。そんなつまらないことを聞いてどうするんだ、と思えるような質問もあれば、全員に同じ質問をし、比較する公正な質問の仕方もある。

問題は解くよりも、作る方が難しい。謎を解くよりも、謎を作る方がレベルが高い。一度問題を作る側にまわってみると、問いを立てるという作業こそがクリエイティブだということに気づくはずだ。

質問力やコメント力といったコミュニケーション力が存分に発揮されている例として、エッカーマンの『ゲーテとの対話』がある。この本はニーチェが、ドイツ語で書かれた本の中で最も優れたものだ、と言った名著だ。ゲーテの偉大さもさることながら、ゲーテと対話し、その対話のエッセンスを記録したエッカーマンの仕事ぶりもまた見事だ。エッカーマンはゲーテの言いたいことを的確に察知し、質問やコメントで応答する。ゲーテは、それに同意したり、反対したりするが、いずれにせよ、二人の間には共通理解が多く、話は常に深まっていく。お互いにわかり合えているという安心感が、次の一歩を深いものにするのだ。

エッカーマンのコミュニケーション力の高さは、次のようなところにもよく表れている。

「それと、この詩には全体として独特なところが豊富にあって、先生のほかの詩とはどれとも似ていませんね」と私はいった。

「それはね、こういうわけさ」とゲーテはいった、「つまり、私は、一枚のカルタに大枚のお金を賭けるように、現在というものに一切を賭けたのだ。そして、その現在を誇張なしにできるだけ高めようとしたのさ」

この言葉は、ゲーテの創作態度を明らかにすると同時に、誰からも驚歎されている彼の多様性を納得させるもので、私には非常に重要なものと思われた。

（エッカーマン著、山下肇訳『ゲーテとの対話(上)』岩波文庫）

エッカーマンの質問やコメントには、ゲーテの話を的確に受け取っているというメッセージが含まれている。話の要点をちゃんとつかんでいなければ出てこない質問やコメントをする。こうした青年相手だからこそ、ゲーテも気持ちよく自分の本領をぶつけることができたのだ。

ゲーテは偉大な人物であるから、この本の内容自体は、エッカーマンがいなくとも自分で書くことができた、と安易に考えることはできない。ゲーテ自身の書いた他の本よりも、この本でのゲーテの方が生き生きとしている。もちろん『ファウスト』などは完成度の高い優れた作品である。しかしゲーテ自身の肉声が肌で感じられるという点では、この『ゲーテとの対話』がベストだ。

コミュニケーションの中でこそ引き出されてくる力がある。相手の質問によって触発されることがある。自分自身でも思ってもいなかったことがひらめいてくる。そうして出てきた言葉は、新鮮で生き生きとしている。それを改めて整理し直しまとめてしまうと、そのライブ感が失われ、生命力が落ちることが多い。とはいえ、もちろん、テープで録音したままを文字に起こせば無駄が多い。

エッカーマンは、自分の知力のすべてをかけて、ゲーテの言葉の生命感をできるだけ損なうことなく文字に移し替えた。これは非常に高度な作業だ。要点をクリアに伝え、しかも生き生きとした感じを残す、そのような文体で書くのは難しいものだ。

書くことにおいて人類最高のレベルに達していたゲーテにおいてさえも、コミュニケーションによって引き出されてきたものが、すばらしい作品となった。コミュニケーションには、一人では生みだすことのできない「意味」を引き出す力がある。これこそが、クリエイティブなコミュニケーションなのである。

相談を持ちかける技

コミュニケーション力の要点については、ここまででおよそ述べた。最後は少しリラックスして、プラスアルファの技について述べたい。私が最近関心を寄せているのは「相談を持ちかける」というコミュニケーションの技だ。

ふつう悩み事を持ちかける方は必死で、それを技だとは思っていない。しかし、それほど切迫はしていなくとも、誰かのアイディアを聞いてみたいと軽く思って相談を持ちかけることも実際にはよくある。相手からのアイディアを期待することさえもなく、自分の考えをはっきりとさせたいために、相談を持ちかけるケースもある。カウンセリングでも、相談することで、自分の心がはっきりとするということがよくあるものだ。

私は、現在進行形で考えていることを、ふと出会った人に向かっていきなり相談するのが好きだ。別の用件でたまたま出会った人や家族に、「いま、○○と△△のどちらにしようか迷っているんだけど」と相談を持ちかける。考えるための材料を簡単に相手にも共有してもらい、気軽に相談に乗ってもらう。専門家としての意見を聞くのではなく、相手の個人的な感覚でいいから何か言ってほしい、というと大概は何か言葉が返ってくる。こちらはそれを聞くと刺激になり、考えがはっきりしてくる。実際、相手からいいアイディアが出ることもある。

大事なことは、これによってコミュニケーションが自然に緊密になるということだ。用件だけを話すのとは違う親密さが生まれる。金を貸してくれという相談ならば誰でも嫌であろうが、軽く脳みそを貸して欲しいということならば、相当の相手が応じてくれる。人の相談に乗るというのも、意外に楽しいものだ。私は、ある時期、「人に脳みそを貸す」ということを趣味にしていた。相手の状況を聞き、考えを図に書いて整理、時にアイディアを出す。多くは質問をして、相手が考えを深められるように持っていく。相手がもどかしそうにしていれば、言葉をいくつか出して「こんな感じじゃないの?」と、相手の漠然とした心に形を与えていく。

相談を持ちかけるとコミュニケーションがうまくいく場合があるのは、片方にスペースが生まれるからだ。自分一人ですべてやりきってしまい「心の自給自足経済」に入ってしまっている人は、コミュニケーションの必要が少ない。欠けていたり、過剰で始末に困っていたりと、心の過不足があるからこそ、コミュニケーションがおもしろくなるのだ。親子でも、子どもに相談を持ちかけられれば、親は充実感を味わうものだ。失恋の悩み相談からカップルが生まれる、というのはむしろ王道である。心の弱さや隙、スペースといったものは、コミュニケーション促進の重要な要素なのである。

隙のない人と話しているのは意外につまらない。上司や先生と言われる立場にある人は、弱みや隙を見せまいとして、かえってコミュニケーションの機会を減らしている。軽い相談を持ちかけることで、部下や生徒はそこに関わってきてくれるものだ。空きがなければ、そこに入り込むことはできない。心に空きを作ることで、人が入り込む余地を生みだすのである。責任ある立場になればなるほど、固くなり、コミュニケーションが下手になっていく傾向がある。叱るだけの関係では心が離れる。相談を持ちかけ、一緒に考えてもらうことで、相手もリラックスし、共同作業の充実感を味わうことができるのだ。

もちろん、あまりわざとらしい相談の持ちかけは好ましくない。リアリティのある自然な相談がいい。それを技として磨く。私はビジネス・セミナーで、四人一組の他人同士のグループで、「他の三人に向かって自分の現在進行形で迷っている事柄について相談を持ちかけてください」という課題を出す。相手が話に乗ってきやすい課題の設定の仕方がある。「そんなこと言われても答えようがない」という相談ではだめだ。その相談をきっかけにしてコミュニケーションが深まっていく――そんなきっかけをつくるわけだ。これを技として意識することで、ずいぶんと関係は柔らかくなる。

ズレやギャップをあえて楽しむ

コミュニケーションは、かみ合うのが基本だ。しかし、味においても渋さや苦みが評価されるように、文化のレベルが上がると、コミュニケーションのズレやギャップを楽しむ余裕も出てくる。

会話がずれていることに苛立つだけでは芸がない。そのズレを楽しむ余裕がほしい。酔っ払いは話がくどいし、ずれる。だから酔っぱらいと話すのは嫌いだ、という人は多い。しかし、私自身はズレも上手く利用すれば楽しむことができると考えているので、あまり苦にはならない。話がずれたり飛んだりするのもまた、コミュニケーションの醍醐味の一つだ。こういうケースは、ズレを楽しむ余裕がないとイライラしてしまう。『最驚！　ガッツ伝説』(光文社)にみられるように、答えが問いとずれていること自体がおもしろさを生みだすことは、日常でも数多くある。ポイントは、ズレを楽しむ心の余裕があるかどうか、ということだ。

二十世紀を代表する戯曲の一つであるベケットの『ゴドーを待ちながら』。そのテーマは実存的な不安というべき深いものだ。二人の登場人物の会話は、ずれている。

ヴラジーミル　だがね、わたしのほうがおまえより重いかな?

エストラゴン　そう言ったのは、おまえじゃないか。おれは知らない。とにかく、どっちかがもう片方より重いには違いない。たぶんそうだ。

ヴラジーミル　じゃあ、どうしよう?

エストラゴン　どうもしないことにするさ。そのほうが確かだ。

ヴラジーミル　なんていうか聞いてからにするか。

エストラゴン　誰に?

ヴラジーミル　ゴドーさ。

エストラゴン　ああ、そうか。

ヴラジーミル　はっきりするまで、待とう。

エストラゴン　しかし、一方、鉄は凍らないうちに打ったほうがいいかもしれないぞ。

ヴラジーミル　やっこさんがなんて言うか、ちょいとおもしろい。聞くだけなら、

こっちは、どうってこともないからな。

（安堂信也・高橋康也訳『ベスト・オブ・ベケット(1)』白水社）

二人の登場人物たち自身は、このズレを余裕を持って楽しんでいるというわけではない。しかし演劇を見る観客は、ズレから意味を感じる。ギャップそのものが意味を持つのだ。扱っているテーマのレベルは全く異なるが、お笑いの世界でも、話のかみ合わなさをわざとネタにしているケースがかなりある。ボケというのは、そもそもずらした応え方だ。二人がそれぞれ言っていることはまともなのだが、コミュニケーションとしてみると全くかみ合っていない、というケースを意図的に作ることもある。かみ合うコミュニケーションを前提として理解していると、そこからのズレを楽しむことができる。

最近、直木賞を受賞した奥田英朗《ひでお》の『空中ブランコ』には、このずれた会話が出てくる。力量の衰えた空中ブランコ乗りが周りに対して猜疑心を抱くようになり、ノイローゼ気味になる。そこで精神科医に相談に行く。精神科医の伊良部は、太っていて言動が

子どもっぽい。話も聞かずに、注射ばかり打とうとする。ブランコ乗りが、小学校時代に転校が多かったという経験を話し、先生はどうかと尋ねる。そこから伊良部は自分の小学校時代の話に突入する。ブランコ乗りが相談したいのは自分のことだ。二人の会話は、ずれたまま、こう展開する。

「先生、小さい頃はどんな子供だったんですか」ふと、そんなことを聞いた。

「小さい頃? 普通の子供だけど」

うそでしょう。誰が信じますか。

「先生の通ってた小学校に、旅芸人の子が短期間だけ転校してきたことはなかったですか」

「なかったなあ、私立だから」

そうか、お坊ちゃまなのか。

「わたしはどうやら、腰が引けちゃう病気にかかってるらしいんですけどね」注射の跡をさすりながら言った。「人の胸に飛び込めないんです」

「帰国子女なんかはよく転校してきたけどね」

「それに小所帯ならいいんですけど、大所帯になるといきなり緊張してしまうみたいで……」

「西洋かぶれだから生意気なんだよね」

「こういうのって、何か病名でもあるんですかね」

「みんなでいじめたなあ。弁当のサンドウィッチにオロナインを塗ったりして」

「先生、人の話はちゃんと聞きましょうよ」つい情けない声を発していた。


（奥田英朗『空中ブランコ』文藝春秋）

精神科医が患者に話を聞きましょうと言われるのは、読んでいて笑える。伊良部の場合は技としてではなく、癖としてずれている。しかし、結果としては伊良部のこのような子どもっぽい関わり方によってブランコ乗りのノイローゼは治っていく。

文脈力がコミュニケーション力の基本だ。その基本を押さえつつ、ギャップやズレまで楽しめるようになれば、鬼に金棒だ。

会話は一対一ではなく多対多

二人で話をしているときには、私たちは普通「個人対個人」で話していると考えている。しかし、現実の感覚としては、個人は単なる「個」ではなく、いろいろな関係が束になって集まったもの、という感じがすることがある。

独身の時はさほど感じないかもしれないが、結婚して生活を始めてみると、結婚というのは、個人と個人が出会い共に生活する、ということでは済まないことがわかってくる。生活習慣と生活習慣の戦いや妥協の場となる。話し方で気になるところがあって、相手の家族を見てみると、その家全体の話し方の癖であったりすることがよくある。コミュニケーションは、話すことばかりではない。ちょっとした笑い方の癖や食べ方の癖が、お互いに気になったりする。テレビを見るという単純な行為でさえも、比較的黙って見ているか、いちいち芸能人を批評しながら騒がしく見るのか、といった違いも出てくる。生活のあらゆる場面で「癖」が噴出し合っているのだ。

この「癖の束」がぶつかり合い、それを調整し合うのが、結婚生活の一つの面だ。癖の束は、個人的なものであるというよりは、むしろ家族生活の中で幼い頃から培われ、身につけられてきたものだ。そこには親や兄弟、祖父母が関わっている。私たちが一人の人間だと思ってつきあっている相手の中に、多くの他者が入り込んでいるのである。人と人は、濃く付き合えば付き合うほど、一対一ではなく多対多の様相を呈してくる。

相手の中に別の人間が幾人も入り込んでいるのだとわかることで、相手に対する理解は深まる。そのことでイライラすることもあれば、かえって「ああ、そうだったのか」と納得できて落ち着くこともあろう。

家族だけではなく、風土全体が、その人の人間性に深く入り込んでいる場合も多くある。方言のところでも述べたが、コミュニケーションのスタイルには、風土が大きく影響している。土地柄によって話すテンポも違えば、人生に対する価値観も異なってくる。あまりよく知り合ってもいないうちに「で、なんぼ儲かりまっか」と人の年収を聞いてくる会話スタイルは、全国共通というわけではない。よく言われるように、京都には京都流のコミュニケーションの癖の束がある。「おかわりはいかがですか」という言葉につられて、何度もおかわりをし長居をするようでは、後でさんざんに言われる。個人のコミュニケーションのあり方には、その土地の歴史で積み重ねられた慣習的行動の束が、身体の奥深くに、知らぬうちに入り込んでいるのである。

日本と外国とを比較すれば、そこにも「癖の束」の違いがある。日本語という言語が持つ癖もある。日本語に慣れてしまっているがゆえに、自分たちのコミュニケーションの癖にまったく気づかない場合もある。外国語を学ぶということは、自分の使っている母国語に対して客観視できる態度を養うことでもあるのだ。

私はある国に行って、怪しげな人から「ノープロブレム、ノープロブレム」と連呼されて疑い深くなったことがあった。いかにも問題がありそうなのである。しかし、その国の人と何人も出会ううちに、多くの人が微妙にいい加減に生きているのだということがわかってきた。そのいい加減さの中で「ノープロブレム」という言葉を使う癖も見えてきた。そうなると、かえって微笑ましくも感じられてきた。理解が進み、余裕が生まれたのである。

癖を見切る

コミュニケーションを通じて、相手の癖を見抜く——これは、ずいぶんと人間理解力を向上させる。まったく理解をしていない状態で、いきなりぶしつけなことや皮肉などを言われると、いたく傷ついてしまう。しかし、そのような話し方の癖を持っている人だとわかってコミュニケーションしていれば、それがいざ出てきたときにもさほど驚かない。不意打ちを受ければ、ちょっとしたことで骨を折ることもあるが、予測し、構えていれば、相当衝撃を和らげることができるのだ。

「この人はどうも虫が好かない」と感じる人はいる。嫌いだという感情が強く出てしまうと、相手もそれを察知し、関係は悪化する。そうしたときには、いくつかの策がある。関係を悪化させたくはないという判断であるならば、気まずい雰囲気の時に、自分の方から話しかけてみるというのもいい方法だ。自分は相手に気づいているのだが、相手はまだ自分に気づいていない。そんな場合、気づかないふりをしてしまおう、と考えるのが普通だ。しかし、そこで思い切って自分の方から「おはようございます」などと言って挨拶をする。すると意外に平気なものだ。

自分から仕掛けた攻撃に関しては、心理的に自分が主導権を握っている。しかも、自分から挨拶をしたことで、相手は自分が嫌われてはいないのだと安心をする。気まずい雰囲気の時には先に仕掛ける——これが、ストレスを減らすコツではないだろうか。

日本人同士ならば、先に謝る、というのもコミュニケーションを円滑にする方法だ。関係が悪化するに当たっては、ミスやトラブルがいくつか重なっていることが多い。一つのミスならば許せても、そのことについて相手がまったく反省していないとなると、怒りがこみ上げてくる。しかもコミュニケーションがうまくいかなくなると、いろいろな行き違いが増えてくる。それが積もってお互いを嫌い合う。だが、そこまで悪化する前に、先に謝ると、すっと気持ちが解けていく。先に触れた『空中ブランコ』の話では、相手を疑って殴るところまでいってしまった空中ブランコ乗りが、すっと謝る場面が出てくる。

謝るのなら、早い方がいい。公平はゆっくりと近づいていった。

「内田さん、いつぞやは殴ったりしてすいませんでした」深々と頭を下げた。「自分があいう状態になってるなんて、夢にも思ってなくて、いやがらせをされてるんだと完全に誤解してました」

「いや、いいんです」内田が目を伏せ、ぼそりと言う。「こっちも、不器用で……」

「そんなこと――。だいいちほかのフライヤーとはうまくやってるじゃないですか」

「公平さんはファーストだし、自分にも責任があるんだと、ずっと悩んでました」

内田は、高倉健のような朴訥《ぼくとつ》としたしゃべり方をした。心なしか顔も似て見えた。

公平はますます申し訳なくなった。

「すぐには治らないかもしれないけれど、徐々にリハビリしようと思ってるので、明日からの練習、付き合ってください」もう一度、頭を下げた。

「こっちこそ、よろしくお願いします」

心がいっきに軽くなった。言葉の力を思い知った。どうしてもっと早く、対話をしなかったのだろう。小学生にまで遡って、友だちを作り直したい気分だ。

先に謝る、というのは日本ではコミュニケーションの技となるが、外国においては保証の限りではない。自分のミスを先に認めたことで窮地に陥るケースが普通だろう。これもコミュニケーションの癖の違いといえる。このほか、相手は嫌いでも、相手の好きなものに関しては多少寛容になってみるという手もある。そして、その好きなものについて多少の会話をする。これでもずいぶんと会話はスムーズに流れ、気は楽になる。自分がこの人のここが嫌いだ、とはっきり気づくことができている場合は、その嫌いなところを相手の癖として見切ってしまうのが効果的だ。癖を見切ると、「あの癖が、また出てこないかな」と期待できるようになる。そうなると、単純に嫌いだと言っていたときとは次元が異なってくる。

人間理解力

人を愛することと、人を理解すること。この二つのうちのどちらが、より基礎的であろうか。私は、理解が基礎的なのではないかと考えている。相手を理解できたときに、愛することができるようになった、という経験はある。少なくとも理解できたことで、さほど嫌わなくて済むようになった、ということはよく経験している。理解することで、「あの人とはこのくらいの距離で付き合おう、深く関わるのはよそう」というように距離感やつき合い方のスタイルをわきまえるようになる。それも完全に嫌ってしまうよりは、一つの愛し方だ。

人間に対する理解力は、一つの技だ。人間理解力のある人は、いろいろなものが見えている。なぜこの人はこういうことを言うのか、なぜこんな言い方をするのか、といったことがわかってくるのだ。相手が本当に何をしたいのか、伝えたいのかがわかるためには、人間理解力が必要である。文学は、人間理解力を鍛える最高のテキストだ。何しろ変な人間ばかりがたくさん出てくる。そうした人間のさまざまな癖を知り、心理を理解していく訓練が、文学を読むことで集中的になされる。

癖の束として人間を見て、その人の生き方のスタイルをつかまえる。そうすることで、一つひとつの言動の意味がはっきりとしてくる。この理解がすべて正確であるという保証はたしかにない。しかし、ある程度妥当性があり、また理解しているという実感があれば、落ち着いたつき合い方が選択できる。闇雲に嫌いだと拒否してしまう態度からは成長する。

コミュニケーションの基礎は、人間理解力である。人を愛することを至上命令としているキリスト教を信奉している国でも、イスラム教に対する理解の姿勢がなければ戦争を選択する。戦争はコミュニケーションの拒絶だ。相手が本当に言いたいことをつかみ、相手の言動の癖を見抜く。そうすることで、懐の深いつき合い方が可能になる。もっとも、個人の生活の範囲では、すべての人と愛し合い深く付き合う必要は当然ない。嫌な人だなと思ったら、上手に距離をとればいい。

相性というのは、意外に強固なものだ。癖の束のぶつかり合いが相性だからだ。人の一生のうちでは、なかなかこの癖の束は根本的には変わらない。だが、つき合い方の強弱、話すときの微妙な距離感、といったものをコントロールすることで、コミュニケーションにまつわるストレスは減少していくはずだ。

過去・未来を見通す

私は人と話しているときに、ふと不思議な思いにとらえられることがある。この人は、どうして今ここにいるのだろう、という感覚だ。どういう偶然が積み重ねられ、織り合わさって、今この瞬間にここにいるのだろうか。そう考えると気が遠くなってくる。もし出会うことがなかったならば、というレベルよりももっと長いタイムスパンで考えてしまう。自分とその人が出会うよりずっと前のことをイメージする。恋人の幼い頃の写真を見て感じる感覚に似たものがあるかもしれない。自分が知らないときにも、この人は別のところで生きていたのだ、と当然のことなのだが思い返す。

ルドルフ・シュタイナーの本を読んでいるときに、人間を種子として見よ、という言葉があった。相手を現在のあり方だけで見るのではなく、その人の遥か過去と未来を見通して見ろ、ということであった。どこから来てどこへ行くのか。どういう過去からやってきて、どういう未来に向かって行こうとしているのか、そういう途上の人として現在の相手を見る。これは一種の宗教的とも言える眼力トレーニングだ。

この言葉を意識して人を見るようにしていたら、多少ともその雰囲気がつかめるようになってきた。過去・未来に対する正確な理解を求めているというわけではない。まことしやかな占いとは違う。そのような連続した生として相手を見ること自体が、相手に対する見方を変えるのである。遺伝子という決定的な運命を担う存在として、人間は、その生を生きなければならない。そうした宿命を負う者同士としてお互いを見ることができれば、コミュニケーションの余裕も変わってくるにちがいない。

私たちはある時期、競争社会に巻き込まれる。しかし、それが永遠に続くわけではない。やがては皆死ぬことになる。死から逃れることは誰にもできない。この公平さが、お互いの存在に対する哀れみや切なさに変わってくる。すべての人を愛することはできないとしても、理解をすることは不可能ではない。その理解も全面的理解でなくても構わない。ある部分を理解しただけでも見方が変わる。相手を過去から未来へと伸びていく線(独自な軌跡を描く曲線)として見ると、少し相手の雰囲気が違って見えてくる。自分の不思議な人生の曲線と、相手の曲線とが交わる。そうした偶然が、必然として感じられたとき、関係の質は変わってくるであろう。

コミュニケーションは誰とでも可能である

コミュニケーションということに関して、私が衝撃を受けた映像記録がある。札幌麻《あさ》生《ぶ》脳外科神経病院での、植物状態になった人間を回復させる看護のあり方のドキュメントだ。交通事故や脳梗塞などで、手足の自由が全くきかなくなったり、意識さえもはっきりしない患者さんがたくさん運び込まれてくる。通常の病院では、寝かせたままで、点滴で栄養を与え、生命を維持させる。しかしこの病院の看護方式は、できるだけ上半身を垂直に起こさせ、口から食べ物を食べさせる(経口摂取)。背骨を立てるだけで意識がずいぶんはっきりとするのだ、という。口からものを食べることをやめてしまえば、その機能は低下する。ヨーグルトなどを少しでも食べていくことで、回復が早まる。

大変だが、風呂にも入れる。そうすることでからだが柔らかくなり、動きやすくなる。風呂にはいるとリラックスしつつ、軽く疲労する。疲れることによって、深い眠りが得られる。深い眠りの後には、覚醒状態が来る。ずっと寝たきりで朦朧《もうろう》としている状態よりも、通常の人間のように起きている状態と寝ている状態のメリハリをつけていくのだ。それが入浴によって促進される。

この病院のことを記述している向井承子『看護婦の現場から』(講談社現代新書)という本には、こういう出来事が記録されている。ある反応のない女性が風呂に入れてもらったときに、ふと、手で股間を隠す仕草をした。それを見て、この人はいける、と判断したのだそうだ。意識をはっきりさせるために、シャワーを浴びさせる。実際にシャワーで皮膚に刺激を与えることも指すが、言葉のシャワーも重要だ。相手に言葉が通じないとあきらめてしまうと、誰も言葉をかけなくなる。それでは意識がいよいよ眠り込んでしまう。言葉を絶えずかけていく。時にからだを揺さぶる。必ず相手に届いているのだ、という確信を持って言葉をシャワーのように浴びせていく。やがて、わずかではあるが、反応が起こる。その反応を絶対に見逃さない。

この強力な看護システムを支えていたのは、紙屋克子看護部長だ。この方は現在、筑波大学の先生になり、介護の合理的なやり方についてテレビなどで指導をしている。この方が言うには、患者さんたちにはチャンスを与えなければいけない、私たちが見放したらもうそれで終わりなんだ、小さなサインを見つけ、つくっていくことが大切だ。その人にできること、たとえばグーとパーだけはできるのならば、そのグーとパーでイエスとノーのサインをルールとして作っていく、そのルールを積み重ねていくことでコミュニケーションしていく、ということである。

実際、映像では、グーとパーだけで相当なコミュニケーションが可能になっていた。瞬きしかできない青年は、一度瞬きをしたらノー、二度瞬きをしたらイエスというやり方で、いろいろな意思を表現していた。瞬きしかできなくとも、コミュニケーションはできる。そのやりとりのルールは積み重ねられ、どんどん増幅していく。その回復の度合いは驚異的なものであった。コミュニケーションを通じて意識がはっきりしてきたのである。それを支えていたのは、その人と独自なコミュニケーションのルールを一つひとつ積み重ねていくという作業であった。

『ジョニーは戦場へ行った』(D・トランボ著、信太英男訳、角川文庫)という本がある。映画化もされている。戦争で重傷を負い、まったくコミュニケーションができないただの物体のようになってしまった主人公の青年ジョーが病院に運ばれる。彼は、ただ生命を持続させている一個のものに過ぎない、ように他の人間には見える。しかしジョーは意識を持っている。それを伝えることがまったくできないだけだ。誰も彼が意識を持っていると気づいてはくれない。まったく孤立した世界に落ち込んでしまったジョーだが、一つの突破口が開かれる。ある看護婦さんが、ジョーの裸の胸に、「メリークリスマス」と綴ったのである。ジョーは、はじめ何をされているのかわからなかったが、言葉だとわかるや猛烈に感動する。ジョーは首の動きをモールス信号にして意思を伝える。それを外の人間が理解することで、ジョーはコミュニケーション可能な状態に入る。

砂漠での水は貴重だ。孤独の中での対話は、砂漠で出会ったオアシスとなる。

いじめで自殺してしまう子どもがいる。誰か一人でもコミュニケーションをきちんととっていたならば、その最悪の事態は防ぐことができたのではないかと感じられる事件が多い。自分がいじめられて嫌な思いをしている、ということを家族にまず話すことが必要だ。親は本当に自分の子どものことを考えてくれるものだ。いじめで自殺してしまう子は、親に細かくいじめのことについて相談をしていない場合がほとんどだ。自分の中に問題を抱え込んでしまう。その抱え込みを、すっと解き放つような一言があれば、状況は変わっていくだろう。

『葬式ごっこ』では、いじめを苦にして自殺してしまった鹿川《しかがわ》裕史《ひろふみ》君の元クラスメイトが、当時を振り返ってこう語っている。

> その葬式ごっこの前に、鹿川はシカトされてた。シカトとは、そいつがいないことにする、という意味だ。だれも口をきかず、相手にしない。つまり、いないのといっしょだ。そこから、鹿川が死んだことにしよう、という発想が出た。それで葬式ごっこになったんだ。
>
> シカトの理由は知らないが、Aたちのグループがシカトしろ、と言いだした。鹿

川と仲がよくなかったやつは離れた。

（中略）

人の生命を支えることは、相手に共感を持って話を聞くだけでも、彼と楽しくやさしい思い出をたった一つ、つくるだけでも、可能になる。ほんの小さなことでも、人の生命を守ることができるのだ。そのことに気づいていれば、決して彼を殺すことはなかった。

（中略）

自分は彼を、直接いじめた人間ではない、と思う。ただ、彼との友情から、自分から離れて行ったことと、葬式ごっこに加担したこと、この二つの行為で、彼の生命を引き止める本当に重要な絆を、断ち切ってしまったのだ、と思っている。

（豊田充『葬式ごっこ——八年後の証言』風雅書房）

コミュニケーションを通じて、人は生きる意欲を湧かせている。コミュニケーションこそが、生命力の源なのだ。川が、流れることによって川であるように、人は感情や意思を他と交流させることで人であり続けられる。コミュニケーションという営為は、人間の根幹をなしている。

どんな状態でも、どんな相手とでも、コミュニケーションは可能だ。そう確信することで、現実は明るさを増してくるだろう。

あとがき

思えば、膨大な量の対話を重ねて、この歳にまで至った。十代は勉強することを忘れ、二十代は働くことさえ忘れて、友だちと対話に没頭した。一日十時間対話することもざらだった。あまりにも暇だったせいもあるが、対話ほどスリリングなものはないとも感じていた。

なにしろ、話している最中にいろいろ思いつくのだ。面白くてやめられない。一人ではなかなか踏み込めない深みまで、二人なら行ける。インスパイアされてインスピレーションが浮かぶ。対話しながらなら、受験勉強だって苦じゃない。本を読んで対話するときなどは、真剣勝負のようで心地よい緊張感がみなぎった。

私にとっては、対話はつねに新しい意味が生まれる場であった。しかし、世間を見回してみると、どうも必ずしもそうでもないらしいということに気がついた。キャッチボールと同じように、対話も一つの技なのだと認識しなおした。

今回、人生のあまりにも多くの時間とエネルギーを費やした、対話をテーマに書くことができ本望であった。コミュニケーションのうち、この本では主に面と向かっての対話を扱った。いま、メールやケータイ、ファックスによるコミュニケーションが急増しており、そうであるだけに「面談」の効用が見直されるべきだと思うのだ。

コミュニケーションや対話については、『質問力』(筑摩書房)や『偏愛マップ』(NTT出版)などといった著書で触れてきた。この本は、それらの私のコミュニケーション論における「扇の要」となるものだ。およそ書かねばならないことは書いたという満足感がある。『五輪の身体』(日本経済新聞社)という本の企画で、アテネ・オリンピック前に室伏広治選手や野村忠宏選手といった方々と対話していたこともあって、日本選手の活躍を夜中に見ては刺激され、過剰なテンションで書いたことも印象に残っている。

前著『読書力』(岩波新書)は好評をもって世に迎えられ、ありがたかった。読書はコミュニケーション力を本格的に鍛える基礎トレーニングだ。合わせてお読みいただければ幸いである。

大学生に「知的な会話をする」という課題を出すことがある。四人グループで次々に知的な話をしていき、最後に誰が一番よかったかを投票し合う。これをやると皆が「本をたくさん読まなきゃ、ちゃんとした話はできないんだ」と気がつく。教養はコミュニケーションの重要な柱であり、その柱は読書によって培われる。

エネルギーにあふれた反応のいい身体と、文脈力のある知性。この二つの柱があれば、コミュニケーション力は万全だ。

この本が形になるに当たっては、岩波書店の坂巻克巳さんに大変お世話になった。『読書力』のときは柿原寛さんにご尽力いただいた。お二人のおかげで、姉妹版のように私の中心的なテーマについて書くことができた。この本もまた世の中に存在する意義のある本になることを願っている。

二〇〇四年八月三十一日

齋藤　孝

齋藤 孝

1960年静岡県生まれ
1985年東京大学法学部卒業．東京大学大学院教育学研究科博士課程を経て，
現在—明治大学文学部教授
著書—『読書力』(岩波新書)
『身体感覚を取り戻す』(NHKブックス)
『「できる人」はどこがちがうのか』(ちくま新書)
『声に出して読みたい日本語』(1・2・3，草思社)
『スラムダンクな友情論』(文春文庫)
『呼吸入門』(角川書店)
『会議革命』(PHP文庫)
『ムカツクからだ』(新潮文庫)
『嫌われる言葉』(講談社) ほか

http://www.kisc.meiji.ac.jp/~saito/

コミュニケーション力　岩波新書(新赤版)915

2004年10月20日　第1刷発行
2004年12月24日　第4刷発行

著　者　齋藤《さいとう》 孝《たかし》

発行者　山口昭男

発行所　株式会社 岩波書店
〒101-8002 東京都千代田区一ツ橋2-5-5

電　話　案内 03-5210-4000　販売部 03-5210-4111
新書編集部 03-5210-4054
http://www.iwanami.co.jp/

印刷・理想社　カバー・半七印刷　製本・中永製本

© Takashi Saito 2004
ISBN 4-00-430915-8　Printed in Japan

岩波新書創刊五十年、新版の発足に際して

岩波新書は、一九三八年一一月に創刊された。その前年、日本軍部は日中戦争の全面化を強行し、国際社会の指弾を招いた。しかし、アジアに覇を求めた日本は、言論思想の統制をきびしくし、世界大戦への道を歩み始めていた。出版を通して学術と社会に貢献・尽力することを終始希いつづけた岩波書店創業者は、この時流に抗して、岩波新書を創刊した。

創刊の辞は、道義の精神に則らない日本の行動を深憂し、権勢に媚び偏狭に傾く風潮と他を排撃する驕慢な思想を戒め、批判的精神と良心的行動に拠る文化日本の躍進を求めての出発であると謳っている。このような創刊の意は、戦時下においても時勢に迎合しない豊かな文化的教養の書を刊行し続けることによって、多数の読者に迎えられた。戦争は惨澹たる内外の犠牲を伴って終わり、戦時下に一時休刊の止むなきにいたった岩波新書も、一九四九年、装を赤版から青版に転じて、刊行を開始した。新しい社会を形成する気運の中で、自立的精神の糧を提供することを願っての再出発であった。赤版は一〇一点、青版は一千点の刊行を数えた。

一九七七年、岩波新書は、青版から黄版へ再び装を改めた。右の成果の上に、より一層の課題をこの叢書に課し、閉塞を排し、時代の精神を拓こうとする人々の要請に応えたいとする新たな意欲によるものであった。即ち、時代の様相は戦争直後とは全く一変し、国際的にも国内的にも大きな発展を遂げながらも、同時に混迷の度を深めて転換の時代を迎えたことを伝え、科学技術の発展と価値観の多元化は文明の意味が根本的に問い直される状況にあることを示していた。

その根源的な問は、今日に及んで、いっそう深刻である。圧倒的な人々の希いと真摯な努力にもかかわらず、地球社会は核時代の恐怖から解放されず、各地に戦火は止まず、飢えと貧窮は放置され、差別は克服されず人権侵害はつづけられている。科学技術の発展は新しい大きな可能性を生み、一方では、人間の良心の動揺につながろうとする側面を持っている。溢れる情報によって、かえって人々の現実認識は混乱に陥り、ユートピアを喪いはじめている。わが国にあっては、いまなおアジア民衆の信を得ないばかりか、近年にいたって再び独善偏狭に傾く惧れのあることを否定できない。

豊かにして勁い人間性に基づく文化の創出こそは、岩波新書が、その歩んできた同時代の現実にあって一貫して希い、目標としてきたところである。今日、その希いは最も切実である。岩波新書が創刊五十年・刊行点数一千五百点という画期を迎えて、三たび装を改めたのは、この切実な希いと、新世紀につながる時代に対応したいとするわれわれの自覚とによるものである。未来をになう若い世代の人々、現代社会に生きる男性・女性の読者、また創刊五十年の歴史を共に歩んできた経験豊かな年齢層の人々に、この叢書が一層の広がりをもって迎えられることを願って、初心に復し、飛躍を求めたいと思う。読者の皆様の御支持をねがってやまない。

（一九八八年一月）

岩波新書より

心理・精神医学

痴呆を生きるということ　小澤　勲
若者の法則　香山リカ
自白の心理学　浜田寿美男
〈こころ〉の定点観測　なだいなだ編著
純愛時代　大平　健
やさしさの精神病理　大平　健
豊かさの精神病理　大平　健
快適睡眠のすすめ　堀　忠雄
夢分析　新宮一成
薬物依存　宮里勝政
精神病　笠原　嘉
心の病理を考える　木村　敏
生涯発達の心理学　高橋惠子・波多野誼余夫
色彩の心理学　金子隆芳
心病める人たち　石川信義
✧
新・心理学入門　宮城音弥
精神分析入門　宮城音弥
✧
コンプレックス　河合隼雄
日本人の心理　南　博

教育

読書力　齋藤　孝
大学生の学力を診断する　戸瀬信之・西村和雄
学力があぶない　大野　晋・上野健爾
子どもの危機をどう見るか　尾木直樹
子どもの社会力　門脇厚司
日本の教育を考える　宇沢弘文
現代社会と教育　堀尾輝久
教育入門　堀尾輝久
教育改革　藤田英典
新・コンピュータと教育　佐伯　胖
コンピュータと教育　佐伯　胖
子どもとあそび　仙田　満
教科書の社会史　中村紀久二
子どもと学校　河合隼雄
子どもの宇宙　河合隼雄
障害児と教育　茂木俊彦
幼児教育を考える　藤永　保
子どもと自然　河合雅雄
教育とは何か　大田　堯
からだ・演劇・教育　竹内敏晴
✧
日本教育小史　山住正己
子どもとことば　岡本夏木
乳幼児の世界　野村庄吾
知力の発達　波多野誼余夫・稲垣佳世子
✧
自由と規律　池田　潔
私は二歳　松田道雄
私は赤ちゃん　松田道雄

(2003.11)　(H)

岩波新書より

言語

横書き登場　屋名池誠
日本語の教室　大野晋
日本語練習帳　大野晋
日本語の起源〔新版〕　大野晋
日本語の文法を考える　大野晋
日本語をさかのぼる　大野晋
漢字と中国人　大島正二
仕事文をみがく　高橋昭男
仕事文の書き方　高橋昭男
伝わる英語表現法　長部三郎
日本人のための英語術　ピーター・フランクル
言語の興亡　R・M・W・ディクソン　大角翠訳
英語とわたし　岩波新書編集部編
中国 現代ことば事情　丹藤佳紀
ことば散策　山田俊雄
日本人はなぜ英語ができないか　鈴木孝夫
教養としての言語学　鈴木孝夫

日本語と外国語　鈴木孝夫
ことばと文化　鈴木孝夫
心にとどく英語　M・ピーターセン
日本人の英語 正・続　M・ピーターセン
翻訳と日本の近代　丸山真男　加藤周一
日本語ウォッチング　井上史雄
日本語はおもしろい　柴田武
日本の方言　柴田武
言語学とは何か　田中克彦
ことばと国家　田中克彦
英語の感覚 上・下　大津栄一郎
中国語と近代日本　安藤彦太郎
日本語〔新版〕上・下　金田一春彦

外国語上達法　千野栄一
記号論への招待　池上嘉彦
外国人とのコミュニケーション　J・V・ネウストプニー
翻訳語成立事情　柳父章
日本語はどう変わるか　樺島忠夫

言語と社会　P・トラッドギル　土田滋訳

漢字　白川静

ことわざの知恵　岩波書店辞典編集部編
ことばの道草　岩波書店辞典編集部編

岩波新書より

哲学・思想

- 神、この人間的なもの　なだいなだ
- 民族という名の宗教　なだいなだ
- 権威と権力　なだいなだ
- 日本の近代思想　鹿野政直
- 学問と「世間」　阿部謹也
- 偶然性と運命　木田　元
- ハイデガーの思想　木田　元
- 現象学　木田　元
- 私とは何か　上田閑照
- 戦争論　多木浩二
- キケロ　高田康成
- 正念場　中村雄二郎
- 術語集 II　中村雄二郎
- 術語集　中村雄二郎
- 臨床の知とは何か　中村雄二郎
- 問題群　中村雄二郎
- 哲学の現在　中村雄二郎
- 近代の労働観　今村仁司

- プラトンの哲学　藤沢令夫
- ギリシア哲学と現代　藤沢令夫
- 南原　繁　加藤　節
- マックス・ヴェーバー入門　山之内靖

◇

- 「文明論之概略」を読む 上・中・下　丸山真男
- 日本の思想　丸山真男
- 文化人類学への招待　山口昌男
- アフリカの神話的世界　山口昌男

◇

- 初めに行動があった　アンドレ・モロワ　大塚幸男 訳
- 忘れられた思想家 上・下　E・ハーバート・ノーマン　大窪愿二
- 人間の限界　霜山徳爾
- 現代日本の思想　久野　収　鶴見俊輔
- 自由の問題　岡本清一
- 朱子学と陽明学　島田虔次
- デカルト　野田又夫
- 現代論理学入門　沢田允茂

◇

- 哲学入門　三木　清

岩波新書より

文学

古事記の読み方　坂本　勝
新 折々のうた 7　大岡　信
折々のうた　大岡　信
詩への架橋　大岡　信
鞍馬天狗　川西政明
俳人漱石　坪内稔典
女歌の百年　道浦母都子
花のある暮らし　栗田　勇
武玉川・とくとく清水　田辺聖子
一億三千万人のための 小説教室　高橋源一郎
ロシア異界幻想　栗原成郎
ダルタニャンの生涯　佐藤賢一
漢詩 美の在りか　松浦友久
伝統の創造力　辻井　喬
シェイクスピアを観る　大場建治
本よみの虫干し　関川夏央
友情の文学誌　高橋英夫
西　行　高橋英夫

一葉の四季　森　まゆみ
蕪　村　藤田真一
戦後文学放浪記　安岡章太郎
アメリカ感情旅行　安岡章太郎
西　遊　記　中野美代子
中国文章家列伝　井波律子
翻訳はいかにすべきか　柳瀬尚紀
明治人ものがたり　森田誠吾
フランス恋愛小説論　工藤庸子
ロビン・フッド物語　上野美子
読みなおし日本文学史　高橋睦郎
俳句という遊び　小林恭二
芥川龍之介　関口安義
漱石を書く　島田雅彦
短歌をよむ　俵　万智
ドイツ人のこころ　高橋義人
芭蕉、旅へ　上野洋三
新しい文学のために　大江健三郎
❖
日本の恋歌　竹西寛子

芭蕉の恋句　東　明雅
茂吉秀歌 上・下　佐藤佐太郎
❖
一日一言　桑原武夫編
日本の近代小説　中村光夫
古川柳　山路閑古
古事記の世界　西郷信綱
日本文学の古典〔第二版〕　西郷信綱・永積安明・広末　保
新唐詩選　吉川幸次郎・三好達治
新唐詩選続篇　吉川幸次郎・桑原武夫
ギリシア神話　高津春繁
❖
万葉秀歌 上・下　斎藤茂吉

(2003.11)　(P)

岩波新書より

随筆

本と私　鶴見俊輔編
都市と日本人　上田篤
活字の海に寝ころんで　椎名誠
活字博物誌　椎名誠
活字のサーカス　椎名誠
人生案内　落合恵子
山を楽しむ　田部井淳子
仕事が人をつくる　小関智弘
カラー版 インカを歩く　高野潤
四国遍路　辰濃和男
文章の書き方　辰濃和男
花を旅する　栗田勇
嫁と姑　永六輔
親と子　永六輔
夫と妻　永六輔
商(あきんど)人　永六輔
芸人　永六輔
職人　永六輔

二度目の大往生　永六輔
大往生　永六輔
未来への記憶 上・下　河合隼雄
老人読書日記　新藤兼人
弔辞　新藤兼人
現代〈死語〉ノートII　小林信彦
現代〈死語〉ノート　小林信彦
愛すべき名歌たち　阿久悠
書き下ろし歌謡曲　阿久悠
ダイビングの世界　須賀潮美
新・サッカーへの招待　大住良之
日韓音楽ノート　姜信子
書斎のナチュラリスト　奥本大三郎
現代人の作法　中野孝次
日本の「私」からの手紙　大江健三郎
あいまいな日本の私　大江健三郎
沖縄ノート　大江健三郎
ヒロシマ・ノート　大江健三郎
日記—十代から六十代までのメモリー　五木寛之
命こそ宝 沖縄反戦の心　阿波根昌鴻

白球礼讃 ベースボールよ永遠に　平出隆

◆

囲碁の世界　中山典之
尾瀬—山小屋三代の記　後藤允
指と耳で読む　本間一夫

◆

同時代のこと　吉野源三郎
わたしの山旅　槇有恒
ヒマラヤ登攀史〔第二版〕　深田久弥
知的生産の技術　梅棹忠夫
モゴール族探検記　梅棹忠夫
論文の書き方　清水幾太郎
パタゴニア探検記　高木正孝
インドで考えたこと　堀田善衞
地の底の笑い話　上野英信

◆

岩波新書をよむ　岩波書店編集部編

岩波新書より

芸術

東京遺産　森まゆみ
絵のある人生　安野光雅
江戸の絵を愉しむ　榊原悟
日本絵画のあそび　榊原悟
能楽への招待　梅若猶彦
日本の色を染める　吉岡幸雄
カラー版 メッカ　野町和嘉
プラハを歩く　田中充子
エノケン・ロッパの時代　矢野誠一
カラー版 似顔絵　山藤章二
歌舞伎の歴史　今尾哲也
ポピュラー音楽の世紀　中村とうよう
歌舞伎ことば帖　服部幸雄
コーラスは楽しい　関屋晋
イギリス美術　高橋裕子
役者の書置き　嵐芳三郎
ぼくのマンガ人生　手塚治虫
ジャズと生きる　穐吉敏子

カラー版 妖精画談　水木しげる
ロシア・アヴァンギャルド　亀山郁夫
日本の近代建築 上・下　藤森照信
ファッション　森英恵
フィルハーモニーの風景　岩城宏之
千利休 無言の前衛　赤瀬川原平
ゴッホ 星への旅 上・下　藤村信

狂言役者―ひねくれ半代記　茂山千之丞
マリリン・モンロー　亀井俊介
グスタフ・マーラー　柴田南雄

ある映画監督　新藤兼人
日本人とすまい　上田篤
陶磁の道　三上次男
水墨画　矢代幸雄
絵を描く子供たち　北川民次
名画を見る眼 正・続　高階秀爾
秘境のキリスト教美術　柳宗玄

ギリシアの美術　澤柳大五郎
音楽の基礎　芥川也寸志

日本美の再発見〔増補改訳版〕　ブルーノ・タウト　篠田英雄訳

(N)

(2003. 11)

社会

ルポ 解雇　島本慈子
未来をつくる図書館　菅谷明子
メディア・リテラシー　菅谷明子
リストラとワークシェアリング　熊沢誠
女性労働と企業社会　熊沢誠
能力主義と企業社会　熊沢誠
食の世界にいま何がおきているか　中村靖彦
狂牛病　中村靖彦
豊かさの条件　暉峻淑子
豊かさとは何か　暉峻淑子
日本の刑務所　菊田幸一
靖国の戦後史　田中伸尚
日の丸・君が代の戦後史　田中伸尚
遺族と戦後　田中伸尚・田中宏・波田永実
山が消えた 残土・産廃戦争　佐久間充

ああダンプ街道　佐久間充
消費者金融 実態と救済　宇都宮健児
少年犯罪と向きあう　石井小夜子
定常型社会 新しい「豊かさ」の構想　広井良典
ゲランドの塩物語　コリン・コバヤシ
IT革命　西垣通
ワークショップ　中野民夫
原発事故はなぜくりかえすのか　高木仁三郎
子どもの危機をどう見るか　尾木直樹
科学事件　柴田鉄治
証言 水俣病　栗原彬編
マンション　小林一輔・藤木良明
コンクリートが危ない　小林一輔
仕事術　森清
すしの歴史を訪ねる　日比野光敏
まちづくりの実践　田村明
まちづくりの発想　田村明

現代たばこ戦争　伊佐山芳郎
東京国税局査察部　立石勝規
バリアフリーをつくる　光野有次
雇用不安　野村正實
ドキュメント 屠場　鎌田慧
ゴミと化学物質　酒井伸一
過労自殺　川人博
交通死　二木雄策
現代社会の理論　見田宗介
現代たべもの事情　山本博史
在日外国人〔新版〕　田中宏
日本の漁業　河井智康
日本の農業　原剛
男の座標軸 企業から家庭・社会へ　鹿嶋敬
男と女 変わる力学　鹿嶋敬
ボランティア もうひとつの情報社会　金子郁容
産業廃棄物　高杉晋吾
ディズニーランドという聖地　能登路雅子

岩波新書より

法律

裁判官はなぜ誤るのか　秋山賢三
憲法への招待　渋谷秀樹
自治体・住民の法律入門　兼子仁
新 地方自治法　兼子仁
経済刑法　芝原邦爾
憲法と国家　樋口陽一
法とは何か〔新版〕　渡辺洋三
日本社会と法　渡辺・甲斐・広渡・小森田 編
法を学ぶ　渡辺洋三
法廷のなかの人生　佐木隆三
民法のすすめ　星野英一
マルチメディアと著作権　中山信弘
戦争犯罪とは何か　藤田久一
日本の憲法〔第三版〕　長谷川正安
結婚と家族　福島瑞穂
プライバシーと高度情報化社会　堀部政男
憲法第九条　小林直樹
日本人の法意識　川島武宜
ある弁護士の生涯　布施柑治

ジャーナリズム

映像とは何だろうか　吉田直哉
新聞は生き残れるか　中馬清福
テレビの21世紀　岡村黎明
反骨のジャーナリスト　鎌田慧
広告のヒロインたち　島森路子
ジャーナリズムの思想　原寿雄
フォト・ジャーナリストの眼　長倉洋海
日米情報摩擦　安藤博
キャッチフレーズの戦後史　深川英雄
抵抗の新聞人 桐生悠々　井出孫六

岩波新書より

基礎科学

- 宇宙人としての生き方　松井孝典
- オーロラ その謎と魅力　赤祖父俊一
- 地震と噴火の日本史　伊藤和明
- 放射線と健康　舘野之男
- 宇宙からの贈りもの　毛利衛
- 「わかる」とは何か　長尾真
- 化学に魅せられて　白川英樹
- カラー版 続 ハッブル望遠鏡が見た宇宙　野本陽代
- カラー版 ハッブル望遠鏡が見た宇宙　野本陽代／R・ウィリアムズ
- 木造建築を見直す　坂本功
- カラー版 恐竜たちの地球　冨田幸光
- 市民科学者として生きる　高木仁三郎
- 科学の目 科学のこころ　長谷川眞理子
- コンクリートが危ない　小林一輔
- 地震予知を考える　茂木清夫
- カラー版 シベリア動物誌　福田俊司
- 味と香りの話　栗原堅三
- 生命と地球の歴史　丸山茂徳／磯﨑行雄
- 極北シベリア　福田正己
- 科学論入門　佐々木力
- 活断層　松田時彦
- 摩擦の世界　角田和雄
- 小鳥はなぜ歌うのか　小西正一
- 日本酒　秋山裕一
- 量子力学入門　並木美喜雄
- うま味の誕生　柳田友道
- 日本列島の誕生　平朝彦
- 色彩の科学　金子隆芳

❖

- 森の不思議　神山恵三
- 物理学とは何だろうか 上・下　朝永振一郎
- 分子と宇宙　木原太郎
- 火山の話　中村一明

❖

- 科学の方法　中谷宇吉郎
- 宇宙と星　畑中武夫
- 数学の学び方・教え方　遠山啓
- 数学入門 上・下　遠山啓

❖

- 物理学はいかに創られたか 上・下　アインシュタイン／インフェルト　石原純訳
- 零の発見　吉田洋一

コンピュータ

- マルチメディア　西垣通
- 新パソコン入門　石田晴久
- インターネット自由自在　石田晴久
- インターネット術語集II　矢野直明
- インターネット術語集　矢野直明
- インターネットセキュリティ入門　佐々木良一
- インターネットII　村井純
- インターネット　村井純
- パソコンソフト実践活用術　高橋三雄
- Windows入門　脇英世

岩波新書/最新刊から

915 コミュニケーション力　齋藤孝著

豊かな会話、生きいきしたやりとりは、どうしたら成り立つのか。流れをつかむ「文脈力」や基盤としての身体を語り、知恵を伝授。

916 働きながら書く人の文章教室　小関智弘著

仕事と生活の現実から実感する喜びと悲しみを書き、自分と社会を深く考える方法を、「旋盤工・作家」50年の体験をもとに語る。

917 インターネット安全活用術　石田晴久著

日本人の半数以上が利用するインターネット。セキュリティ等多くの問題が表面化している。ネットの危険性とその対策を具体的に解説。

918 カラー版ハッブル望遠鏡の宇宙遺産　野本陽代著

補修中止の決定で、ハッブルの存続が危ぶまれている。人類に届けられた美しい写真と最新の宇宙像を提供する。シリーズ決定版！

919 東アジア共同体 ―経済統合のゆくえと日本―　谷口誠著

日中韓にアセアン諸国を加えた東アジアに経済圏、さらには共同体をどう構築するか。長く国連やOECDで活躍してきた著者が提言。

920 英語でよむ万葉集　リービ英雄著

作家の感性を通じて甦る、新しい「世界文学」としての万葉集。全米図書賞受賞の名訳から約50首を厳選、各々にエッセイを付す。

921 瀧廉太郎 ―夭折の響き―　海老澤敏著

日本の近代音楽の扉を開き、「荒城の月」などを遺した作曲家・瀧廉太郎。その病魔に断ち切られたわずか23年余の生涯を克明に描く。

922 カラー版古代エジプト人の世界 ―壁画とヒエログリフを読む―　村治笙子著　仁田三夫写真

神殿や墓の内部を飾った王や神々の姿、死後の世界、人々の暮らし。鮮やかな写真で紹介しながら、壁画と象形文字を読み解いていく。

(2004. 12)